REALSCHULE TRAINING

W. Stiller · G. Wirth · W. Wirth
Mathematik
Aufgaben mit Lösungen
Probezeit 7. Klasse

D1727110

STARK

Dieses Buch wurde nach der neuen Rechtschreibung abgefasst.

ISBN: 3-89449-278-3

© 1996 by Stark Verlagsgesellschaft mbH · D-85318 Freising · Postfach 1852 · Tel. (08161) 1790
2. Auflage 1999

Inhalt

Fortsetzung siehe nächste Seite

Die ganzen Zahlen: Menge ℤ   27

Die rationalen Zahlen: Menge ℚ   47

Intervalle   93

Potenzen   97

Vorwort

Liebe Schülerin, lieber Schüler!

Du hast den Übertritt an die Realschule geschafft, wozu wir dir herzlich gratulieren. Wir wünschen dir auch weiterhin viel Erfolg. Dabei können dir u. a. die Bände aus der den Unterricht begleitenden Reihe „Realschule Training Mathematik" helfen.

Damit du nun erst einmal die **Probezeit** erfolgreich überstehst, kannst du mit diesem Buch den gesamten Stoff, der in dieser Zeit in Algebra und Geometrie behandelt wird, noch einmal selbständig **wiederholen** und **einüben**. So kannst du dich auch gezielt auf Extemporalien und Schulaufgaben vorbereiten.

Alle Kapitel sind ähnlich aufgebaut: Zuerst vermitteln Definitionen und Merksätze in übersichtlicher und kompakter Weise das nötige **Grundwissen**.
Daran schließen sich vollständig ausgearbeitete **Beispiele** mit Erklärungen an.
230 Aufgaben helfen dir dann, den Stoff einzuüben. Zu allen **Aufgaben** sind die **Lösungen** ausführlich und vollständig vorgerechnet, so dass du zum Schluss deine Ergebnisse selber kontrollieren und verbessern kannst.

Viel Spaß bei der Arbeit mit diesem Buch und viel Erfolg bei allen bevorstehenden Prüfungen wünschen dir

Wilhelm Stiller   Günther Wirth   Werner Wirth

Mengen

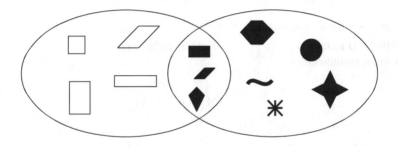

In der Umgangssprache wird das Wort „Menge" meistens im Sinne von „viel" verwendet. In der exakten Wissenschaft der Mathematik muss der Begriff „Menge" genau festgelegt werden.

1. Definition

- Eine **Menge** ist die Zusammenfassung von verschiedenen Objekten zu einem einheitlichen Ganzen.
- Die Objekte der Menge heißen **Elemente**.
- Von jedem Objekt muss feststehen, ob es ein Element der Menge ist oder nicht.

2. Grundbegriffe, Darstellung von Mengen

Mengen kann man wie folgt darstellen:

Bildliche Darstellung   **Aufzählende Form**
im Mengendiagramm

$$M = \{1; 4; 8; 11\}$$

4 ist ein Element der Menge M $\Rightarrow$ abgekürzt: $4 \in M$
5 ist kein Element der Menge M $\Rightarrow$ abgekürzt: $5 \notin M$

Es gibt **endliche Mengen** (die Anzahl der Elemente ist begrenzt) und **unendliche Mengen** (die Anzahl der Elemente ist unbegrenzt).

3. Besondere Mengen

Es gibt Mengen, deren Elemente eine ganz bestimmte Eigenschaft besitzen. Solche Mengen werden auch besonders gekennzeichnet.

Menge der natürlichen Zahlen: $\mathbb{N} = [1; 2; 3; ...\}$

Menge der ungeraden Zahlen: $\mathbb{U} = \{1; 3; 5; ...\}$

Menge der geraden Zahlen: $\mathbb{V}_2 = \{2; 4; 6; ...\}$
(Menge der Vielfachen von 2)

Menge der Vielfachen von 7: $\mathbb{V}_7 = \{7; 14; 21; ...\}$

Menge der Primzahlen: $\mathbb{P} = \{1; 2; 3; 5; 7; 11; ...\}$

Menge der Teiler von 24: $\mathbb{T}_{24} = \{1; 2; 3; 4; 6; 8; 12; 24\}$

In späteren Kapiteln lernst du auch noch andere besondere Mengen kennen.

4. Beziehungen zwischen Mengen

$M_1 = \{1; 2; 3; 4; 6; 12\}$ $M_2 = \{1; 2; 3; 6\}$
$M_3 = \{1; 2; 4; 5; 10; 20\}$ $M_4 = \{4; 5; 8; 12\}$

Welche Beziehungen bestehen zwischen diesen Mengen?

Man kann erkennen, dass

a) gleiche Elemente in verschiedenen Mengen vorkommen;
b) zwei Mengen keine gleichen Elemente haben;
c) eine Menge in einer anderen Menge vollkommen enthalten ist;
d) einige Elemente einer Menge in einer anderen Menge nicht vorhanden sind.

Dabei ergeben sich folgende Beziehungen:

	Bezeichnung	Aufzählende Form	Mengendiagramm
$M_1 \cap M_3$	Durchschnittsmenge	$\{1; 2; 4\}$	
$M_1 \cup M_3$	Vereinigungsmenge	$\{1; 2; 3; 4; 5; 6; 10; 12; 20\}$	
$M_2 \setminus M_3$	Restmenge	$\{3; 6\}$	
$M_2 \subset M_1$	Teilmenge	$\{1; 2; 3; 6\}$	
$M_2 \cap M_4$	leere Menge	$\{\ \}$	

3

5. Aufgaben

1. $M_1 = \{1; 2; 4; 8; 12\}$ $M_2 = \{1; 3; 8; 10; 20; 30\}$

   a) Welche der folgenden Zahlen gehören zu M_1 bzw. zu M_2?

   1, 2, 3, 5, 8

   b) Gib eine Menge M_3 an, in der alle Elemente aus M_2 liegen, die größer sind als das dritte Element aus M_1!

2. Gib eine Menge M_1 an, in der die Vielfachen des ersten Elementes von $M = \{4; 5; 6; ...; 20\}$ liegen!

3. Gib eine Menge M_1 an, in der nur Elemente aus $M = \{3; 4; 5; ...; 23\}$ liegen, die sich durch 3 teilen lassen!

4. Vater, Mutter, Karl, Gabi, Sabine, Fritz, Toni.
   Gib folgende Mengen in der aufzählenden Form und in der Diagramm-schreibweise an (verwende als Elemente die Anfangsbuchstaben der Familienmitglieder):
   M_1 = Menge der männlichen Familienmitglieder
   M_2 = Menge der weiblichen Familienmitglieder

5. $M_1 = \{1; 4; 11; 16\}$ $M_2 = \{1; 16; 11; 4\}$
   Sind M_1 und M_2 verschieden oder gleich?
   Begründe deine Entscheidung!

6. Wodurch unterscheidet sich die Menge $\mathbb{T}_{12}$ von der Menge $\mathbb{W}_2$?

7. Gib folgende Teilermengen an:
   $\mathbb{T}_9$, $\mathbb{T}_{15}$, $\mathbb{T}_{40}$, $\mathbb{T}_{64}$, $\mathbb{T}_{90}$, $\mathbb{T}_{250}$, $\mathbb{T}_{400}$

8. Welche Menge hat mehr Elemente: $\mathbb{T}_8$ oder $\mathbb{T}_{250}$?

9. Welche der Mengen $\mathbb{N}$, $\mathbb{U}$, $\mathbb{W}_2$, $\mathbb{W}_7$ hat die meisten Elemente, welche Menge hat die wenigsten Elemente?

10. Gib eine Teilermenge mit nur zwei Elementen an!

11. Erkläre die Begriffe Durchschnittsmenge, Vereinigungsmenge, Restmenge, Teilmenge!

12.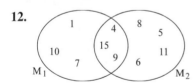

Bestimme $M_1 \cap M_2$; $M_1 \cup M_2$, $M_1 \setminus M_2$, $M_2 \setminus M_1$

13. $M_1 = \{1; 2; 4; 5; 8; 20\}$ $M_2 = \{1; 3; 4; 5\}$ $M_3 = \{2; 6; 8; 10\}$
$M_4 = \{2; 6; 8; 11; 20\}$ $M_5 = \{1; 2; 20\}$

a) Bestimme $M_1 \cap M_4$; $M_2 \cap M_5$; $M_3 \cap M_2$; $M_1 \cap M_2 \cap M_5$; $M_1 \cup M_5$; $M_2 \cup M_4$; $M_1 \setminus M_3$; $M_5 \setminus M_2$; $M_2 \setminus M_1$; $M_3 \setminus M_5$

b) Gibt es Mengen, die Teilmengen einer anderen Menge sind?

14. $M_1 = \{2; 5; 10; 12\}$ $M_2 = \{1; 4; 5; 8; 12; 15\}$

Zeichne ein Mengendiagramm und gib folgende Mengen in der aufzählenden Form an!
$M_1 \cap M_2$; $M_1 \setminus M_2$; $M_2 \setminus M_1$; $M_1 \cup M_2$

15. $M = \{1; 4; 8; 12\}$
Bilde **alle** möglichen Teilmengen!

16. Bestimme

a) $\mathbb{V}_7 \cap \mathbb{V}_3$

b) $\mathbb{V}_2 \cap \mathbb{V}_5$

c) $\mathbb{V}_4 \cap \mathbb{V}_8$

17. Entscheide mit wahr oder falsch:

a) $3 \in \mathbb{T}_6$

b) $3 \in \mathbb{T}_6 \cap \mathbb{T}_8$

c) $3 \in \mathbb{N} \setminus \mathbb{V}_2$

d) $3 \in \mathbb{V}_2 \cap \mathbb{U}$

e) $3 \notin \mathbb{T}_8$

f) $3 \notin \mathbb{V}_3 \cap \mathbb{T}_2$

18. Bestimme

    a) $\mathbb{W}_2 \setminus \mathbb{T}_{12}$ b) $\mathbb{W}_7 \cap \mathbb{T}_7$

    c) $\mathbb{T}_{12} \setminus \mathbb{T}_4$ d) $\mathbb{T}_4 \setminus \mathbb{T}_{12}$

    e) $\{\ \} \cap \mathbb{W}_3$ f) $\{\ \} \cup \mathbb{T}_6$

19. $M_1 = \{2; 4; 5; 10\}$ $M_2 = \{3\}$
      $M_3 = \{4; 5; 8; 12\}$ $M_4 = \{2; 3; 6; 10; 15\}$

    Bilde folgende Mengen:

    a) $M_1 \cap M_3 \cap M_4$ b) $(M_1 \cap M_4) \cup M_2$

    c) $(M_1 \cup M_4) \cap M_3$ d) $(M_1 \cap M_3) \cup (M_2 \cap M_4)$

20.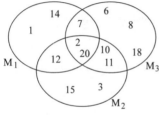

    Bestimme in der aufzählenden Form:

    a) $M_3 \setminus M_2$ b) $M_1 \cap M_2$

    c) $M_1 \cap M_2 \cap M_3$ d) $M_3 \cup M_1$

    e) $M_1 \setminus M_3$ f) $(M_1 \cap M_2) \setminus M_3$

    g) $(M_3 \cap M_2) \setminus M_1$ h) $(M_1 \cup M_2) \setminus M_3$

    i) $(M_1 \cap M_2) \cup (M_2 \cap M_3)$ k) $M_1 \setminus (M_2 \cap M_3)$

    l) $(M_1 \setminus M_2) \setminus M_3$

Die natürlichen Zahlen: Menge IN

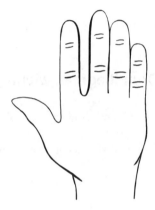

Die Finger einer Hand

Die Menge IN der natürlichen Zahlen sind unsere ursprünglichsten Zahlen. Als Ziffern dienten in früheren Kulturen leicht zählbare Gegenstände, z. B. Steinchen, Bambusstäbchen, Striche. Die Benutzung der Finger führte zum Zehnersystem.

1. Definition

Die natürlichen Zahlen geben die Anzahl der Elemente einer Menge an.

Beispiel:

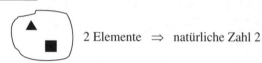

2 Elemente ⇒ natürliche Zahl 2

Die Menge der natürlichen Zahlen besitzt unendlich viele Elemente:
$IN = \{1; 2; 3; ...\}$

2. Zahlenterme: Grundbegriffe, wichtige Rechengesetze

Zahlen und sinnvolle Zusammensetzungen von Zahlen und Rechenzeichen nennt man **Terme**.
Das errechnete Ergebnis eines Terms nennt man Termwert.

Beispiel:

Term	Termwert
$4 \cdot 2 + 5 - 14 : 2$	=
$8 + 5 - 7$	= 6

Besondere Terme:			Zugehörige Termwerte:
Summe	$20 + 5$	=	25
Differenz	$20 - 5$	=	15
Produkt	$20 \cdot 5$	=	100
Quotient	$20 : 5$	=	4

⇓

Mit diesen Termen lassen sich „kompliziertere" Terme erstellen:

Beispiel:

$4 \cdot 5 + [12 - (8 - 2) : 3 + 5] - 1$
$= 20 + [12 - 6 : 3 + 5] - 1$
$= 20 + [12 - 2 + 5] - 1$
$= 20 + 15 - 1$
$\underline{\underline{= 34}}$

Wichtige Rechenregeln zur Berechnung von Termen:

- Punktrechnung geht vor Strichrechnung.
- Klammern werden zuerst berechnet.
- Bei verschiedenen Klammern werden die „inneren" (das sind meist die runden) Klammern zuerst berechnet.

3. Aufgaben

21. a) $6 \cdot 3 - 5 \cdot 2 + 18 : 9$

b) $124 : 4 - 6 \cdot 3 + 2 \cdot 5 \cdot 6 - 10 : 2$

c) $4 \cdot 64 - 100 \cdot 2 + 54 : 6 - 80 : 5$

d) $512 : 4 + 13 \cdot 12 - 48 \cdot 5 - 100 : 25$

22. a) $(36 - 6) : 5 + 2 \cdot 10 + 6 - 3 \cdot 4$

b) $2 \cdot 10 + 3 \cdot 6 - (4 + 6) \cdot 2 - (16 : 8) \cdot 2$

c) $(24 : 4 - 2) + (16 \cdot 3 - 5) - (4 \cdot 2 + 11 \cdot 3)$

d) $180 - (6 - 2) \cdot 3 + 5 \cdot (10 - 3) - 7$

e) $120 : 24 + (100 - 3 \cdot 7) - 18 : 9$

f) $240 : 12 - 6 \cdot 7 + 3 \cdot (12 \cdot 4 - 5) - 2 \cdot (10 - 3 \cdot 2)$

23. a) $48 - [3 + 2 \cdot (10 - 8) - 1] + 2$

b) $[12 : 4 + (10 - 6) - (3 \cdot 2 + 1) + 2 \cdot 3] + 5$

c) $10 \cdot 20 - [6 + 3 \cdot (2 + 7 \cdot 3) - 12 : 4]$

d) $[28 : 4 - 3 \cdot 2 + 5 \cdot (10 - 7)] - [24 : 2 + (6 - 3) \cdot 2] + 15$

e) $[120 + 6 \cdot (24 \cdot 5 - 8) - 3 \cdot (12 - 4 \cdot 2) + 16] : 199$

24. $T_1 = 24$ $\qquad T_2 = 2 \cdot 3$ $\qquad T_3 = 12 - 2 \cdot 3$ $\qquad T_4 = 5 + 3$

Berechne:

a) $T_1 \cdot T_2$ $\qquad$ b) $T_1 : T_4$ $\qquad$ c) $T_3 : T_2$

d) $(T_1 + T_3) : T_2$ $\qquad$ e) $(T_1 - T_4) : T_4$ $\qquad$ f) $(T_1 + T_2) : (T_4 - T_3)$

25. a) Dividiere das Produkt der Zahlen 8 und 6 durch die Differenz dieser Zahlen.

b) Subtrahiere die Summe der Zahlen 12 und 4 vom Produkt dieser Zahlen.

c) Addiere den Quotienten der Zahlen 120 und 24 zum Produkt dieser Zahlen.

26. Mache zuerst einen Ansatz und berechne dann!

a) Subtrahiere von der Differenz der Zahlen 212 und 23 die Summe der Zahlen 101 und 26.

b) Multipliziere die Summe der Zahlen 24 und 37 mit 8 und dividiere dieses Ergebnis durch 4.

c) Subtrahiere die Differenz der Zahlen 121 und 17 vom Produkt der Zahlen 12 und 44, addiere zu diesem Ergebnis den Quotienten der Zahlen 64 und 16 und multipliziere das neue Ergebnis mit 6.

d) Der Quotient der Zahlen 36 und 9 soll vom Produkt der Zahlen 22 und 3 subtrahiert werden. Vom Ergebnis soll die Summe der Zahlen 23 und 12 subtrahiert werden.

27. Ersetze den Platzhalter:

a) $(3 + 6 \cdot 2 - 5) : \square = 5$ $\qquad$ b) $(4 \cdot \square - 1) - 3 = 20$

c) $\square + 6 \cdot 7 = 50$ $\qquad$ d) $\square \cdot 3 - 2 + 5 = 33$

e) $(24 - 3 \cdot 8) + 2 \cdot \square = 22$ $\qquad$ f) $[(120 - 60) + \square] : 6 = 11$

28. Bestimme die fehlenden Zahlen:

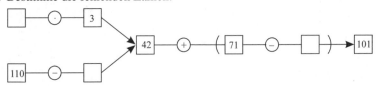

29. Setze die gesuchten Zahlen mit Hilfe der gegebenen Zahlen und der angegebenen Rechenvorschrift zusammen. Beim dritten Beispiel darfst du die Rechenvorschrift selbst wählen. In einer Zeile darf eine Zahl nicht mehrmals vorkommen.

Folgende Zahlen stehen zur Wahl:
1, 2, 3, 4, 5, 6, 7, 8, 10, 15, 20, 30, 40, 50, 100, 300.

Bei diesen Aufgaben gibt es mehrere Möglichkeiten. Im Lösungsteil sind nur drei Vorschläge angegeben.

111 = ☐ + ☐ · ☐ – ☐

111 = ☐ · ☐ – ☐ + ☐

111 = ☐ ☐ ☐ ☐

189 = ☐ + ☐ · ☐ + ☐

189 = ☐ · ☐ – ☐ – ☐

189 = ☐ ☐ ☐ ☐

317 = ☐ + ☐ · ☐ + ☐

317 = ☐ · ☐ · ☐ – ☐

317 = ☐ ☐ ☐ ☐

30. Ersetze die Platzhalter durch Terme, so dass wahre Aussagen entstehen!

a) 4 + 7 · (8 – 1 + 2) = ☐

b) 11 – 4 + 3 · (12 – ☐) = 19

c) ☐ – 2 · 4 – 1 + 10 = 13

Die natürlichen Zahlen mit Null: Menge $\mathbb{N}_0$

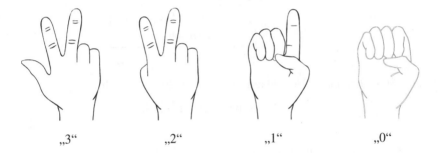

„3"   „2"   „1"   „0"

Wir erweitern jetzt die Menge $\mathbb{N}$ um genau ein weiteres Element. Wie lässt sich dieses Element mit Hilfe eines Mengendiagramms darstellen?

leere Menge $\Rightarrow$ Zahl 0.

1. Definition

Die Anzahl der Elemente einer Menge (einschließlich der leeren Menge) wird durch die natürlichen Zahlen mit der Null angegeben.

Die Menge $\mathbb{N}_0$ besitzt unendlich viele Elemente: $\mathbb{N}_0 = \{\ 0;\ 1;\ 2;\ 3;\ ...\}$

2. Wichtige Gesetze

Kommutativgesetz (Vertauschungsgesetz):

$$3 + 4 = 4 + 3$$
$$5 \cdot 2 = 2 \cdot 5$$

$\Rightarrow$

$$a + b = b + a$$
$$a \cdot b = b \cdot a$$

Beachte:
Bei der Subtraktion und Division gilt das Kommutativgesetz nicht!
$$11 - 7 \neq 7 - 11$$
$$8 : 4 \neq 4 : 8$$

$\neq$ bedeutet: „ungleich"

Assoziativgesetz (Verbindungsgesetz):

$$(3 + 4) + 5 = 3 + (4 + 5)$$
$$(2 \cdot 3) \cdot 6 = 2 \cdot (3 \cdot 6)$$

$\Rightarrow$

$$(a + b) + c = a + (b + c)$$
$$(a \cdot b) \cdot c = a \cdot (b \cdot c)$$

Beachte:
Bei der Subtraktion und Division gilt das Assoziativgesetz nicht!
$$(8 - 3) - 2 \neq 8 - (3 - 2)$$
$$(100 : 50) : 2 \neq 100 : (50 : 2)$$

Besonderheiten:

$$3 \cdot 0 = 0$$
$$0 \cdot 5 = 0$$

$\Rightarrow$

$$a \cdot 0 = 0 \cdot a = 0$$

$\Rightarrow$

Jede Zahl multipliziert mit Null ergibt den Wert Null.

Die Division ist die Umkehrung der Multiplikation!
$8 : 4 = 2$, weil $2 \cdot 4 = 8$

Wie wird mit der Null gerechnet?

$0 : 3 = 0$, weil $0 \cdot 3 = 0$
$0 : 2 = 0$, weil $0 \cdot 2 = 0$
$0 : 1 = 0$, weil $0 \cdot 1 = 0$

$$0 : 0 = \begin{cases} 0, & \text{weil } 0 \cdot 0 = 0 \\ 1, & \text{weil } 1 \cdot 0 = 0 \\ 7, & \text{weil } 7 \cdot 0 = 0 \\ 41, & \text{weil } 41 \cdot 0 = 0 \end{cases}$$

Welches Ergebnis ist richtig?
Die Aufgabe ist für uns nicht lösbar!

$$0 : a = 0$$
$$a \in \mathbb{N}$$

$\Rightarrow$

Null dividiert durch jede natürliche Zahl ergibt
den Wert Null.
Die Division durch Null ist nicht erlaubt.

Distributivgesetz (Verteilungs- oder Zerlegungsgesetz):

$3 \cdot (2 + 4) = 3 \cdot 2 + 3 \cdot 4$
$6 \cdot (5 - 3) = 6 \cdot 5 - 6 \cdot 3$

$\Rightarrow$

$$a \cdot (b + c) = a \cdot b + a \cdot c$$
$$a \cdot (b - c) = a \cdot b - a \cdot c$$

$a, b, c \in \mathbb{N}_0$

$(6 + 4) : 2 = 6 : 2 + 4 : 2$
$(12 - 8) : 4 = 12 . 4 - 8 : 4$

$\Rightarrow$

$$(a + b) : c = a : c + b : c$$
$$(a - b) : c = a : c - b : c$$

$a, b \in \mathbb{N}_0$
$c \in \mathbb{N}$

3. Addition, Subtraktion, Multiplikation, Division

Mit Hilfe von Pfeilen kann man die Addition und Subtraktion veranschaulichen.
Der Pfeil mit der Länge 2 cm stellt die Zahl 2 dar, usw.

$2 + 3 = 5$
Die Addition entspricht einer
„Spitze-Fuß"-Kopplung
(S-F-Kopplung)

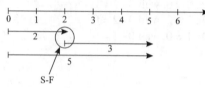

$6 - 2 = 4$
Die Subtraktion entspricht einer
„Spitze-Spitze"-Kopplung
(S-S-Kopplung)

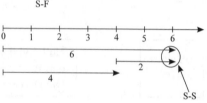

Subtraktion und Division sind in der Menge $\mathbb{N}_0$ nicht immer durchführbar.

z. B.:
$4 - 6 = ?$

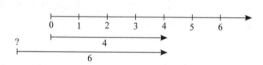

$12 : 4 = 3$
$12 : 5 = ?$

Addieren heißt: „nach rechts schreiten".
Subtrahieren heißt: „nach links schreiten".

Beispiele:

1. $4 + 5 - 1 + 2 - 3 = 7$
2. $3 \cdot (5 + 2 - 3) = 3 \cdot 5 + 3 \cdot 2 - 3 \cdot 3 = 15 + 6 - 9 = 12$
3. $4 \cdot (2 - x + 5) = 4 \cdot 2 - 4 \cdot x + 4 \cdot 5 = 8 - 4x + 20 = 28 - 4x$

Die Zahlen können zusammengefasst werden!

4. $6 + 3 - 11 = 9 - 11$, in $\mathbb{N}_0$ nicht lösbar!
5. $(3x + 2) : 0$, nicht lösbar, weil **niemals** durch Null dividiert werden darf!
6. $0 : 8 = 0$, der Dividend darf Null sein, aber niemals der Divisor!

4. Aufgaben

31. Berechne an der Zahlengeraden:

a) $8 + 3$

b) $4 + 5 - 3$

c) $8 - 5$

d) $5 - 6$

32. Übe dich im Kopfrechnen:

a) $6 + 4 - 1 + 5 - 8$

b) $12 - 3 + 20 - 7 + 1 - 4$

c) $23 + 15 - 6 + 7 - 11 - 3 + 5$

d) $17 + 21 - 8 + 5 - 11 - 24$

e) $48 - 26 + 54 - 17 + 28 - 33$

f) $104 - 71 + 29 - 65 + 22 - 13$

33. Suche bei der Berechnung nach Rechenvorteilen!

a) $17 - 5 + 33 + 20$

b) $66 + 12 - 16 + 48$

c) $24 - 12 + 6 + 62$

d) $110 - 17 + 20 - 13 + 10$

e) $22 - 3 + 108 - 7 + 12 - 3$

f) $114 + 21 + 86 - 6 - 15$

34. Berechne x! $x \in \mathbb{N}_0$

   a) $6 + x = 23$ b) $x - 7 = 101$

   c) $x + 8 = 7$ d) $x \cdot (4 + 5) = 18$

   e) $(20 + 30) : x = 10$ f) $3 \cdot x = 108$

   g) $22 : x = 4$ h) $5 \cdot (x + 1) = 15$

   i) $x \cdot 3 + 7 = 13$ k) $6 \cdot 7 - 3 \cdot 2 = x$

   l) $(3 \cdot 4 - 8 \cdot 1) + x = 17$ m) $x \cdot 3 - 3 \cdot 3 \cdot 3 = 3$

   n) $x \cdot (14 - 6) \cdot 2 = 48$ o) $x \cdot x = 64$

   p) $x \cdot x - 12 + 2 \cdot 3 - 1 = 18$

35. a) $43 \cdot 21 - 6 \cdot (4 + 5 \cdot 3)$

   b) $120 - 2 \cdot (6 \cdot 2 - 5)$

   c) $3 \cdot (18 - 2 \cdot 5 + 3 \cdot 2 + 16 : 8)$

   d) $4 + [26 \cdot 2 - 54 : 2 + 2 \cdot (8 - 3)]$

   e) $14 + 69 : 23 + 6 \cdot (8 - 5)$

   f) $4 \cdot 5 \cdot 6 - 3 \cdot (16 - 12)$

   g) $3 + [26 \cdot 2 - 2 \cdot (3 \cdot 3 - 2 \cdot 2) + 17 \cdot 3]$

   h) $14 + (273 \cdot 0 + 13) + 120 : 60$

   i) $0 \cdot [(273 - 244) - 44 : 4 + 5]$

   k) $[24 \cdot 5 - 3 \cdot 12 + 3 \cdot (36 - 5)] : 0$

36. Rechne auf 2 Arten:

   a) $3 \cdot (6 + 11)$ b) $5 \cdot (23 - 8)$

   c) $(45 - 30) : 3$ d) $12 \cdot (6 - 0)$

   e) $(465 - 135) : 15$ f) $(2\,400 - 120) : 8$

37. Wende das Distributivgesetz an:

a) $7 \cdot (x - 8)$ b) $13 \cdot (12 - x)$

c) $(25 - x) \cdot 3$ d) $(14 + x) \cdot 2$

e) $3 \cdot (6 - 8x)$ f) $(24 - 12x) : 4$

38. Vereinfache so weit wie möglich:

a) $4 \cdot (12 - 3x + 5)$ b) $26 \cdot (4x + 8 + x - 5)$

c) $(12x - 4 + x + 6) \cdot 2$ d) $8 + 2 \cdot 3 + 2 \cdot (4x + 12) + 3x$

e) $24 + 6 : 3 + 3 \cdot (2 - x) + 1$ f) $(24 - 3 \cdot 2) \cdot [3 \cdot (x + 5)] + 3 \cdot x$

39. Wo steckt der Fehler?

a) $6 + 3 \cdot 2 = 9 \cdot 2 = 18$ b) $22 - 2 \cdot 10 + 3 = 20 \cdot 10 + 3 = 203$

c) $45 : 0 = 0$ d) $2 \cdot (32 + x) = 64 + x$

40. Belege die Terme mit den angegebenen Werten!
$T = (a \cdot b + b \cdot d - c \cdot e) : a$

	T_1	T_2
a	1	3
b	2	4
c	1	4
d	2	5
e	3	7

41. Ersetze die Platzhalter durch Terme, so dass wahre Aussagen entstehen!

a) $\boxed{4} + \boxed{7} \cdot (\boxed{8} - \boxed{1} + \boxed{2}) = \boxed{}$

b) $\boxed{11} - \boxed{4} + \boxed{3} \cdot (\boxed{12} - \boxed{}) = \boxed{19}$

c) $\boxed{} - \boxed{2} \cdot \boxed{4} - \boxed{1} + \boxed{10} = \boxed{13}$

d) $(\boxed{4} + \boxed{5}) \cdot (\boxed{8} - \boxed{}) + \boxed{5} = \boxed{23}$

42. Setze die gesuchten Zahlen mit Hilfe der gegebenen Zahlen und der ange
gebenen Rechenvorschrift zusammen. Beim dritten Beispiel darfst du die
Rechenvorschrift selbst wählen. In einer Zeile darf eine Zahl nicht mehrmals
vorkommen.
Folgende Zahlen stehen zur Wahl: 0, 1, 2, 3, 4, 5, 6, 10, 20, 40, 100.
Bei diesen Aufgaben gibt es mehrere Möglichkeiten. Im Lösungsteil sind nur
drei Vorschläge angegeben.

$30 = \boxed{} + \boxed{} \cdot \boxed{} - \boxed{}$

$30 = \boxed{} + \boxed{} : \boxed{} + \boxed{}$

$30 = \boxed{} \quad \boxed{} \quad \boxed{} \quad \boxed{}$

$45 = \boxed{} \cdot \boxed{} + \boxed{} \cdot \boxed{}$

$45 = \boxed{} : \boxed{} - \boxed{} \cdot \boxed{}$

$45 = \boxed{} \quad \boxed{} \quad \boxed{} \quad \boxed{}$

$120 = \boxed{} \cdot \boxed{} - \boxed{} \cdot \boxed{}$

$120 = \boxed{} + \boxed{} - \boxed{} \cdot \boxed{}$

$120 = \boxed{} \quad \boxed{} \quad \boxed{} \quad \boxed{}$

Terme mit Variablen

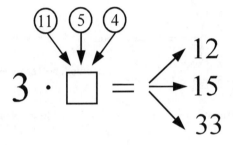

1. Grundbegriffe

Terme bezeichnen wir abkürzend mit einem T. Treten in einem Term Variablen auf, geben wir diese nach dem Term in runden Klammern an. Werden für die Variablen Zahlen eingesetzt, kann der Wert des Terms berechnet werden. Der Termwert hängt also von x ab.

T(x) wird gesprochen: „Term von x" .

Beispiel:

$$T(x) = 3 \cdot \boxed{x} + 2$$

verschiedene x-Werte ergeben

$$x = 2: \quad T(2) = 3 \cdot \boxed{2} + 2 = 8$$
$$x = 17: T(17) = 3 \cdot \boxed{17} + 2 = 53$$

verschiedene Termwerte

Von einem **Bruchterm** spricht man, wenn die Variable im Nenner steht.

Beispiel:

$$T(a) = \frac{4}{a - 5} + 1 \qquad \text{Bruchterm}$$

$$T(a) = \frac{a - 5}{3} - \frac{1}{4} \qquad \text{kein Bruchterm}$$

Mengen bei der Berechnung von Termwerten:

Grundmenge $\mathbb{G}$:
Menge, aus der die Elemente für die Einsetzung der Variablen genommen werden dürfen.

Definitonsmenge $\mathbb{D}$:
Menge, in der nur solche Elemente aus der Grundmenge sind, so dass der Termwert berechnet werden kann.

2. Termbelegungen

Beispiel:

$$T(x) = \frac{6}{x - 4} \qquad \mathbb{G} = \{10; 6; 4\}$$

Berechne die Termwerte für alle Elemente aus der Grundmenge!

$$T(10) = \frac{6}{10 - 4} = \frac{6}{6} = 1 \qquad \text{Sprich: „Term an der Stelle zehn hat den Wert eins"}$$

$$T(6) = \frac{6}{6 - 4} = \frac{6}{2} = 3$$

$$T(4) = \frac{6}{4 - 4} = \frac{6}{0} \qquad \text{nicht berechenbar, da der Nenner nicht Null sein darf.}$$

Merke: **N**enner **N**iemals **N**ull

Man darf also den Wert 4 nicht einsetzen und sagt, der Term ist für den Wert 4 nicht definiert. Man erhält dann die Definitionsmenge $\mathbb{D} = \mathbb{G} \setminus \{4\}$ sprich: „Grundmenge ohne (vermindert um) vier".

Termbelegungen lassen sich in Form einer Wertetabelle übersichtlich darstellen:

x	10	6	4	← Variablen
T(x)	1	3	nicht def.	← Termwerte

3. Aussagen und Aussageformen, Lösungsmenge

Aussage $\quad 4 \cdot 3 = 12 \qquad$ Aussagen sind entweder wahr (w) oder falsch (f)
$\quad\quad\quad\quad\ 7 < 5$

Aussageform $\quad 4 \cdot \square = 12 \qquad$ Aussageformen lassen sich nicht mit wahr oder
$\quad\quad\quad\quad\ \Delta < 5 \qquad$ falsch entscheiden.

Wir suchen stets solche Belegungen, die mit wahr entschieden werden können.

Diejenige Menge, deren Elemente eine Aussageform in eine wahre Aussage überführen, nennt man **Lösungsmenge $\mathbb{L}$**.

Beispiele:

1. $4 \cdot x < 16$
   $4 \cdot 1 < 16 \ (w)$
   $4 \cdot 2 < 16 \ (w)$
   $4 \cdot 4 < 16 \ (f)$
   $4 \cdot 8 < 16 \ (f)$

   $\mathbb{G} = \mathbb{T}_8 = \{1; 2; 4; 8\}$

   $\Rightarrow \underline{\underline{\mathbb{L} = \{1; 2\}}}$

2. $x + 3 = 5$
   $0 + 3 = 5 \ (f)$
   $3 + 3 = 5 \ (f)$
   $5 + 3 = 5 \ (f)$

   $\mathbb{G} = \{0; 3; 5\}$

   $\Rightarrow \underline{\underline{\mathbb{L} = \{ \ \}}}$

4. Aufgaben

43. Bestimme in $\mathbb{G} = \mathbb{N}$ die Definitionsmenge!

a) $\dfrac{2}{x-4}$

b) $\dfrac{x}{x-6}$

c) $\dfrac{x+1}{2x-10}$

d) $\dfrac{2x}{x+2}$

e) $\dfrac{4}{(x-1)(x-2)}$

f) $\dfrac{x-3}{(x-2)(2x-6)}$

g) $\dfrac{x}{(x+1)(x-7)}$

h) $\dfrac{2x+3}{(3x-12)(4x-8)}$

44. Berechne für $\mathbb{G} = \{1; 3; 5\}$ die Termwerte!

a) $T(x) = x + 2$

b) $T(x) = 2x + 4$

c) $T(x) = 6x - 5$

d) $T(x) = (x + 2) \cdot 4$

e) $T(x) = 3 \cdot (2 \cdot x - 1) + 1$

f) $T(x) = (x + 1) \cdot (x + 2)$

45. Erstelle für $\mathbb{G} = \{1; 2; 3; 4; 5\}$ jeweils eine Wertetabelle!

   a) $T(x) = x + 1$ b) $T(x) = 3 \cdot x - 1$

   c) $T(x) = 2 \cdot (x + 3)$ d) $T(x) = x \cdot (x + 2)$

   e) $T(x) = x \cdot (2 \cdot x - 1)$ f) $T(x) = (x + 2) \cdot (3x - 1)$

46. Berechne für $\mathbb{G} = \{2; 4; 6; 8; 10\}$ die Termwerte!

   a) $T(x) = x + 1 + x : 2$ b) $T(x) = 2 \cdot x + 3 - x : 2$

   c) $T(x) = x \cdot x + 3x$ d) $T(x) = x \cdot x - 4 \cdot x : 2 + 5$

47. Bestimme die Zahlen aus der Menge $\mathbb{G} = \mathbb{N}$, für die der Termwert nicht zu berechnen ist!

   a) $T(x) = x - 2$ b) $T(x) = 2 \cdot x - 3$

   c) $T(x) = 4 - x$ d) $T(x) = 2 \cdot (4 - x)$

   e) $T(x) = 5 - 2 \cdot x$ f) $T(x) = (x - 2) \cdot (x + 1)$

48. Schreibe folgende Texte als Term. Verwende die Variable x für die zu suchende natürliche Zahl!

   a) Subtrahiere von einer natürlichen Zahl die Summe aus 12 und 15.

   b) Addiere zum Vierfachen einer natürlichen Zahl die Differenz aus 42 und 17.

   c) Multipliziere die Summe aus einer natürlichen Zahl und 12 mit dem Produkt aus 4 und 8.

   d) Subtrahiere vom Quotienten aus 182 und 14 die Summe aus einer natürlichen Zahl und 3.

49. Löse in der Grundmenge $\mathbb{G} = \mathbb{N}$ folgende Gleichungen durch Probieren.

   a) $x - 4 = 12$ b) $2 \cdot x + 3 = 9$

   c) $13 - 5 \cdot x = 3$ d) $2 \cdot (5 - x) = 48 : 8$

   e) $x \cdot (x + 1) = 6$ f) $(x - 2) \cdot (x + 1) = 10$

g) $\dfrac{8}{x+1}=2$

h) $\dfrac{5}{2\cdot x+1}=1$

i) $\dfrac{x}{x-2}=2$

k) $\dfrac{x+1}{x-1}=2$

50. Löse in den jeweils angegebenen Grundmengen folgende Ungleichungen durch Probieren!

a) $12-x\geq 7,\ \mathbb{G}=\mathbb{N}$

b) $2\cdot x+4\leq 11,\ \mathbb{G}=\mathbb{N}$

c) $17-3\cdot x\leq 10,\ \mathbb{G}=\{1;3;5\}$

d) $5\cdot x-10>14,\ \mathbb{G}=\{2;4;6;8\}$

e) $x+2\cdot x>10,\ \mathbb{G}=\mathbb{N}$

f) $x\cdot(x+1)\leq 20,\ \mathbb{G}=\mathbb{N}$

g) $2\cdot x\cdot(x-1)<8,\ \mathbb{G}=\mathbb{N}$

h) $(x+2)\cdot(x+3)<40,\ \mathbb{G}=\mathbb{N}$

i) $\dfrac{x}{x-2}\leq 3,\ \mathbb{G}=\mathbb{N}$

51. Stelle eine Gleichung bzw. Ungleichung auf und löse sie durch Probieren. Gib die Grundmenge an ($\mathbb{G}\subseteq\mathbb{N}$!)!

a) Welche gerade Zahl muss man von 12 subtrahieren, um 8 zu erhalten?

b) Von welcher ungeraden Zahl muss man 7 subtrahieren um 12 zu erhalten?

c) Welches Dreiervielfache muss man durch 8 dividieren, um 12 zu erhalten?

d) Zu welcher geraden Zahl muss man 8 addieren, um das Dreifache dieser Zahl zu erhalten?

e) Von welchen ungeraden Zahlen muss man 3 subtrahieren, um weniger als 9 zu erhalten?

f) Welche Vierervielfachen muss man zu 12 addieren, um mehr als 25 zu erhalten?

Die ganzen Zahlen: Menge ℤ

+20° C

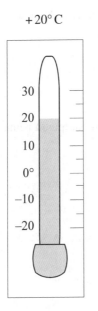

An einem Sommertag ...

−5° C

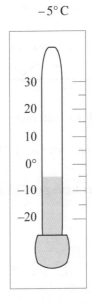

An einem Wintertag ...

1. Definition

> Alle natürlichen Zahlen, ihre Gegenzahlen und die Zahl 0 bilden zusammen die **Menge der ganzen Zahlen $\mathbb{Z}$**.

2. Gegenzahl und Betrag einer Zahl

Zahl und Gegenzahl sind auf der Zahlengeraden vom Nullpunkt gleich weit entfernt.

Zwei „Schritte" nach links   zwei „Schritte" nach rechts

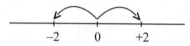

$$-2 \qquad 0 \qquad +2$$

Die Maßzahl der Entfernung („Schrittlänge") vom Nullpunkt nennt man **Betrag** der Zahl.
Der Betrag von a wird mit $|a|$ bezeichnet.

> **Merke:** Der Betrag einer Zahl ist stets positiv!

Beispiel:

$|+2| = 2$

$|-2| = 2$

$-7 < -5$ -7 liegt links von -5

$|-7| > |-5|$ 7 Schritte sind mehr als 5 Schritte

3. Addition und Subtraktion

Additionsregel für Zahlen mit gleichen Vorzeichen:
Die Beträge werden addiert, das Ergebnis erhält das gemeinsame Vorzeichen.

Beispiele:

$$+2 + (+5)$$
$$= +(2+5)$$
$$= +7$$

$$-5 + (-8)$$
$$= -(5+8)$$
$$= -13$$

Additionsregel für Zahlen mit verschiedenen Vorzeichen:
Der kleinere Betrag wird vom größeren Betrag subtrahiert.
Das Ergebnis erhält das Vorzeichen der Zahl mit dem größeren Betrag.

Beispiele:

$$+2 + (-5)$$
$$= -(5-2)$$
$$= -3$$

$$+6 + (-5)$$
$$= +(6-5)$$
$$= +1$$

Subtraktionsregel:
Anstatt zu subtrahieren, wird die Gegenzahl addiert!

$$(+3) - (+5) = (+3) + (-5) = -(5-3) = -2$$

Einfacher läßt sich so subtrahieren: $12 - (+8) \longrightarrow 12 - 8 = 4$

verschiedene Zeichen

$$-14 - (-6) \longrightarrow 14 + 6 = -8$$

gleiche Zeichen

Merke: Gleiche Zeichen ergeben plus, verschiedene Zeichen ergeben minus.

$+(+) \rightarrow +$ $-(-) \rightarrow +$

$+(-) \rightarrow -$ $-(+) \rightarrow -$

Beispiele:

$$-17-(-5) = -17+5 = -12$$

$$+23+(-15) = +23-15 = +8$$

$$-5-(-3)+(-1)-(+11)$$
$$= \underbrace{-5+3}_{-2} \underbrace{-1-11}_{-12} = -14$$

4. Multiplikation und Division

Merke: Zwei ganze Zahlen werden multipliziert/dividiert, indem man ihre Beträge multipliziert/dividiert und dann das Vorzeichen bestimmt.

Haben die Zahlen gleiche Vorzeichen, erhält man +, haben sie verschiedene Vorzeichen, so erhält man − .

Beispiele:

$$(-3) \cdot (+2) = -6$$

$$(-48) : (-12) = +4$$

Werden mehr als zwei Zahlen multipliziert (bzw. dividiert), so gilt die Regel:

Gerade Anzahl von Minuszeichen	$\Rightarrow$	positives Ergebnis
Ungerade Anzahl von Minuszeichen	$\Rightarrow$	negatives Ergebnis

Beispiele:

$$(-3) \cdot (+2) \cdot (-5) \cdot (-4) \xrightarrow{\text{3 Minuszeichen}} -120$$

$$(-2) \cdot (-1) \cdot (-3) \cdot (+6) \cdot (+3) : (-4) \xrightarrow{\text{4 Minuszeichen}} +27$$

5. Ausmultiplizieren und Ausklammern

Mit Hilfe von Rechengesetzen kann man Terme umformen und vereinfachen. Dies gilt auch für Terme, in denen außer Plus- auch Minuszeichen vorkommen.

$$\begin{array}{ccccc} \bullet\,\bullet & & \bullet\,\bullet\,\bullet\,\bullet & & \bullet\,\bullet\,\bullet\,\bullet\,\bullet\,\bullet \\ \bullet\,\bullet & + & \bullet\,\bullet\,\bullet\,\bullet & = & \bullet\,\bullet\,\bullet\,\bullet\,\bullet\,\bullet \\ \bullet\,\bullet & & \bullet\,\bullet\,\bullet\,\bullet & & \bullet\,\bullet\,\bullet\,\bullet\,\bullet\,\bullet \end{array}$$

$$2 \cdot 3 \;+\; 4 \cdot 3 \;=\; 6 \cdot 3$$

$$(2 + 4) \cdot 3 \;=\; 6 \cdot 3$$

$\Downarrow$

$3 \cdot (2 + 4) = 3 \cdot 2 + 3 \cdot 4$ **Distributivgesetz**

Diesen Vorgang nennt man auch **Ausmultiplizieren.**

> **Distributivgesetz:**
> Eine Klammer wird mit einer Zahl multipliziert, indem man jedes Glied der Klammer mit der Zahl multipliziert und die Vorzeichenregel beachtet.

Die gleiche Regel gilt für die Division.

$(12 - 6 + 15) : 3 = 12 : 3 - 6 : 3 + 15 : 3$

$3 \cdot (2 + 4) = 3 \cdot 2 + 3 \cdot 4$

Vertauscht man die Seiten dieser Gleichung, so erhält man

$3 \cdot 2 + 3 \cdot 4 = 3 \cdot (2 + 4)$

Diesen Vorgang nennt man **Ausklammern.**

> **Merke:** Besitzen alle Summanden einer Summe den gleichen Faktor, so kann dieser ausgeklammert (vor oder hinter eine Klammer gesetzt) werden.

Beispiele:

1. $6 \cdot (5 - 8) = 6 \cdot 5 - 6 \cdot 8 = 30 - 48 = -18$

2. $-3 \cdot (-2 + 5) = -3 \cdot (-2) - 3 \cdot 5 = 6 - 15 = -9$

3. $(24 - 12) : (-4) = 24 : (-4) - 12 : (-4) = -6 + 3 = -3$

4. $\mathbf{5} \cdot 8 + \mathbf{5} \cdot 2 - 3 \cdot \mathbf{5} = \mathbf{5} \cdot (8 + 2 - 3) = 5 \cdot 7 = 35$

5. $\mathbf{2} \cdot 6 \cdot \mathbf{3} - 4 \cdot \mathbf{2} \cdot \mathbf{3} + 5 \cdot \mathbf{3} \cdot 7 \cdot \mathbf{2} - \mathbf{2} \cdot \mathbf{3} = \mathbf{2} \cdot \mathbf{3} \cdot (6 - 4 + 5 \cdot 7 - 1) =$
   $6 \cdot 36 \ = 216$

6. Kompliziertere Termberechnungen (ohne Variablen)

Wichtige Regeln:
- „Punkt vor Strich"
- Klammern zuerst
- Bei verschiedenen Klammern zuerst die inneren

Beispiele:

$$
\begin{aligned}
& 4 - \{3 - [5 \cdot 2 - (-3) \cdot 4] + 8 \cdot (-2)\} && + 6 \\
= \ & 4 - \{3 - [10 \quad + \quad 12] \quad\quad - 16\} && + 6 \\
= \ & 4 - \{3 \quad - \quad 22 \quad\quad\quad\quad - 16\} && + 6 \\
= \ & 4 - \{-35\} && + 6 \\
= \ & 4 + 35 && + 6 \\
= \ & 45
\end{aligned}
$$

7. Termberechnungen mit Variablen

Die bisher bekannten Regeln (Punkt vor Strich, Klammern zuerst, Ausklammern, Ausmultiplizieren, ...) gelten auch für Terme mit Variablen.

Beispiele:

1. $-3 \cdot (6 - 2x - 2 + 3a) = -3 \cdot 6 - 3 \cdot (-2x) - 3 \cdot (-2) - 3 \cdot 3a$
$$= -18 + 6x + 6 - 9a$$
$$= -18 + 6 + 6x - 9a$$
$$= -12 + 6x - 9a$$

2. $T(a; b) = 3 \cdot a \cdot b - 2 \cdot a \cdot a + b$
   Berechne den Termwert für $a = -2$ und $b = 5$!
   $T(-2; 5) = 3 \cdot (-2) \cdot 5 - 2 \cdot (-2) \cdot (-2) + 5$
   $$\qquad\quad = -30 \quad - \quad 8 \quad\quad + 5$$
   $$\qquad\quad = -33$$

8. Aufgaben

52. Berechne:

a) $|{-2}| + |{-3}|$

b) $|{-4}| + |5|$

c) $|{-3}| + |{-3}|$

d) $|{-6}| - |6|$

e) $|4 - 7| + |3 - 5|$

f) $2 + |{-2}| - |5 - 6|$

g) $10 - |2 - 3 - 4| - 5$

53. Ordne der Größe nach mit Hilfe des Zeichens „$<$"!

a) $-2; 0; -1; +2; -3; 1$

b) $-20; -21; +22; +25; -19; 18$

54. Entscheide, ob die Aussage wahr (w) oder falsch (f) ist!

a) $-2 < +2$

b) $-5 < -6$

c) $0 < -3$

d) $-1 < -2$

e) $+2 > -3$

f) $0 > -1$

g) $5 > -4$

h) $-6 > -4$

55. Welche ganze Zahl ist um

a) 4 größer als –1

b) 2 kleiner als –3

c) 5 größer als –5

d) 8 kleiner als +2

e) 12 größer als –7

f) 16 kleiner als +9

g) 9 größer als –4

h) 172 kleiner als +102

56. Schreibe ohne Klammern und fasse zusammen!

a) $(+17) - (+12)$

b) $(+24) + (-36)$

c) $(-12) + (-25)$

d) $(+8) - (-4)$

e) $-(-27) - (-14)$

f) $-(-3) - (+7)$

57. Berechne den Termwert. Schreibe vorher ohne Klammern!

a) $(-12) - (+5) - (-6)$

b) $-(-3) - (+12) + (-17)$

c) $-[-(-3) + (-12) - (-15)] - 8$

d) $[-(+13) - (-9)] - [-(2) - (+11)]$

58. Berechne die Termwerte!

a) $4 - 12 - 8 + 6 - 3$

b) $-10 - 9 + 7 + 2 - 18 - 3$

c) $-23 - 41 + 17 + 8 - 2$

d) $21 - 23 + 4 - 7 - 32 + 10$

e) $(-8 - 9) - (3 - 5)$

f) $15 - [(-8 + 6) - 10] + 8$

59. Berechne im Kopf!

a) Welche Zahl muss man zu 5 addieren, um –6 zu erhalten?

b) Welche Zahl muss man zu –2 addieren, um 7 zu erhalten?

c) Welche Zahl muss man zu –5 addieren, um –9 zu erhalten?

d) Welche Zahl muss man von 2 subtrahieren, um –4 zu erhalten?

e) Welche Zahl muss man von –3 subtrahieren, um –8 zu erhalten?

f) Welche Zahl muss man von –6 subtrahieren um +9 zu erhalten?

60. Stelle einen Term auf und berechne den Wert!

a) Addiere zur Summe der Zahlen 17 und −2 die Differenz der Zahlen 28 und −12.

b) Addiere zur Differenz der Zahlen −8 und 5 die Summe der Zahlen 23 und −35.

c) Subtrahiere die Summe der Zahlen 15 und −3 von der Differenz der Zahlen 32 und −5.

d) Subtrahiere die Summe der Zahlen −7 und 12 von der Differenz der Zahlen −9 und −11.

61. Multipliziere bzw. dividiere und fasse zusammen!

a) $(-2) \cdot (-6) + (-3) \cdot 4$

b) $3 \cdot (-2) - (-5) \cdot 6$

c) $(-9) \cdot (-4) - (-5) \cdot (-3)$

d) $12 \cdot (-4) + 3 \cdot (-5)$

e) $24 : (-6) + (-8) : (-2)$

f) $(-44) : (-11) - (-36) : (-6)$

g) $(-4) : 2 - 14 : (-7)$

h) $20 : (-5) + (-14) : 2$

i) $7 \cdot (-3) - (-12) : (-6) + (-3) \cdot (-4) - 24 : (-6)$

k) $(-9) \cdot (-4) - (-17) \cdot 3 + (-18) : (-3) - (-9) : (-3)$

62. Berechne die Termwerte!

a) $3 - [-2 + (5 - 7)] + 12 - (-4)$

b) $[2 - (-4 - 6) + 1] - [-5 + (3 - 7)]$

c) $1 - \{-3 + [7 - (9 - 12) + 3] - 5\} + (-6 + 2)$

d) $-4 \cdot [2 - 3 \cdot (-4 + 6)] - 5 \cdot (-7 - 9) - (-18) : (-9)$

e) $5 - 4 \cdot \{3 - 2 \cdot [-3 + 4 \cdot (-5 - 6)] + 7\}$

f) $-3 - (-2) \cdot [4 - (-5) \cdot (-4)] : (10 - 18) + (-2) \cdot 6$

g) $12 - (-3) \cdot \{5 + (-4) \cdot [-2 - (-24) : 6 - 3] + 7\} + (-9) : (-3)$

63. Gib den Term an und berechne dann seinen Wert!

a) Multipliziere die Summe aus –5 und 13 mit –4 und addiere den Quotienten aus 18 und –6.

b) Addiere zur Differenz aus 16 und –4 das Produkt aus –6 und –2.

c) Subtrahiere von der vierfachen Summe aus –19 und 16 den Quotienten aus 12 und –4.

d) Dividiere die Differenz aus –66 und –48 durch die Hälfte des Produktes aus 6 und –3.

e) Multipliziere die dreifache Differenz aus 15 und –3 mit der doppelten Summe aus –5 und 4 und subtrahiere anschließend das Produkt aus der Summe der Zahlen 8 und –5 und der Differenz der Zahlen –3 und 6.

64. Wende das Distributivgesetz an und berechne den Term!

a) $-2 \cdot (-3 + 5)$ b) $(-7 + 3) \cdot (-2)$

c) $(-8 - 3) \cdot (-4)$ d) $5 \cdot (6 - 9)$

e) $(-4 + 12) : (-2)$ f) $(14 - 2) : 2$

g) $(125 - 150) : (-5)$ h) $(-64 - 32) : (-32)$

i) $(-120 + 40) : (-10)$

65. Klammere aus und berechne den Termwert!

a) $3 \cdot 4 + 3 \cdot (-2)$

b) $(-5) \cdot 6 - (-5) \cdot 9$

c) $4 \cdot (-2) + 4 \cdot (-3)$

d) $(-2) \cdot 5 - (-2) \cdot 6 + (-2) \cdot 8$

e) $12 \cdot (-13) + 12 \cdot (-10) - 12 \cdot (-5)$

f) $7 \cdot (-8) + 7 \cdot 4 - 7 \cdot (-3) + 7 \cdot 5 + 7 \cdot (-9)$

66. Vereinfache die folgenden Terme!

a) $3 \cdot (-4) \cdot x$

b) $(-6) \cdot (-3) \cdot x$

c) $5 \cdot x \cdot (-12)$

d) $-12 \cdot x : (-3)$

e) $4 \cdot 2 \cdot (-4) \cdot a$

f) $-16 \cdot y \cdot 4 : (-8)$

g) $5 \cdot (-3) \cdot a + 6 \cdot (-2) \cdot b$

h) $-9 : 3 \cdot x - (-3) \cdot 4 \cdot y$

i) $-24 : 8 \cdot (-x) - 12 : (-6) \cdot y$

k) $-4 \cdot (x + 2) - 8 : (-4)$

l) $16 \cdot (-2) \cdot (x - 3) + 48 : (-8)$

m) $-15 \cdot (4 - x) - 12 \cdot (-3)$

n) $22 : (-11) \cdot (x - 1) - (y + 2) \cdot (-3)$

67. Ersetze den Platzhalter durch die Zahl -2 und berechne unter Anwendung des Distributivgesetzes den Termwert!

a) $(2 + a) \cdot (-2)$

b) $(4x - 5) \cdot 6$

c) $(3 - 2x) \cdot x$

d) $(12 - 18 + y) \cdot (-4)$

e) $(6 + 2 \cdot x) : (-2)$

f) $(-3 - 3x) : (-3)$

g) $(5 - 11 - 3x) \cdot (-7)$

h) $(-9 - 4a + 3) \cdot (-5)$

68. Ersetze den Platzhalter durch die Zahl -4, berechne sodann die Werte der einzelnen Klammern und anschließend den Termwert!

a) $(6x + 5) \cdot (-2) - (3x - 2) \cdot 4 + (2 - x) : 3$

b) $(3 - 2x) \cdot (4 + x) - 6 \cdot (5 - x) : (-2)$

c) $(12 - 3x) \cdot (6x + 18) - (10 - 5x) : (-2 + x)$

d) $(x \cdot x - x \cdot x \cdot x) : x + (6x - 5)$

69. Fülle die Verknüpfungstabellen aus!

a)

$a + b$

+	+2	–4	1	0	–3	–1	← b
–3							
+3							
0							
–2							
–4							
+5							

↑
a

b)

$a - b$

—	–5	–4	1	0	–2	6	← b
–1							
–2							
3							
–4							
1							
–5							

↑
a

70. Fülle die Verknüpfungstabellen aus!

a)   a · b

·	−4	−1	2	0	−3	4	← b
−2							
+3							
−5							
−1							
+2							
+5							

↑
a

b)   a : b

:	−2	−1	+4	+2	−4	+1	← b
−12							
0							
+16							
−24							
+8							
−20							

↑
a

71. Berechne für die angegebenen Belegungen die Werte des Terms
$T(a; b) = a : b - 2 \cdot a \cdot b$ und ergänze die Wertetabelle!

$$T(-9; -3) = \underbrace{-9 : (-3)}_{3} - \underbrace{2 \cdot (-9) \cdot (-3)}_{54}$$
$$T = \quad 3 \quad - \quad 54 \quad = -51$$

a	b	T(a; b)
–9	–3	–51
84	–12	
–36	–9	
–48	16	
35	7	
–45	–15	

72. Bestimme den Wert des Terms T für
$T = a \cdot b \cdot g - 3 \cdot a \cdot b \cdot d \cdot e + 2 \cdot a - 3 \cdot b \cdot a \cdot e \cdot f \cdot c$

	a	b	c	d	e	f	g	Wert des Terms
1.	–1	3	–4	–5	1	$\lvert -2 \rvert$	–3	
2.	0	–2	3	$-\lvert -2 \rvert$	2	–4	–5	
3.	–2	1	–3	–4	5	– 6	–7	
4.	1	0	2	–1	–2	–1	2	

73. Fülle die Verknüpfungstafel nach Vorschrift aus!

a – b

—	$\lvert -3 \rvert$	-2	$-\lvert -4 \rvert$	$\lvert 5 \rvert$	$\lvert -1 \rvert$	$-\lvert -3 \rvert$	$-\lvert 4 \rvert$	$\lvert -12 \rvert$	-6	← b
$\lvert -2 \rvert$										
-3										
$\lvert -6 \rvert$										
$\lvert -3 \rvert$										
$-\lvert -1 \rvert$										

↑
a

74. Fülle die Verknüpfungstafel nach Vorschrift aus!

a · b

·	$\lvert -1 \rvert$	2	-3	$\lvert -4 \rvert$	$-\lvert -2 \rvert$	$\lvert -5 \rvert$	$\lvert -3 \rvert$	$\lvert -6 \rvert$	-2	← b
-1										
$\lvert -3 \rvert$										
$-\lvert -4 \rvert$										
$\lvert -5 \rvert$										
-6										

↑
a

75. Ersetze die Platzhalter durch Terme, so dass wahre Aussagen entstehen!

1) $\boxed{4}$ $-($ $\boxed{-5}$ $\cdot$ $\boxed{-3}$ $+$ $\boxed{6}$ $)-$ $\boxed{-8}$ $=$ $\boxed{}$

2) $\boxed{-2}$ $\cdot($ $\boxed{}$ $+$ $\boxed{6}$ $)-($ $\boxed{-3}$ $+$ $\boxed{-7}$ $)$ $=$ $\boxed{4}$

3) $($ $\boxed{-5}$ $+$ $\boxed{6}$ $)-($ $\boxed{-3}$ $-$ $\boxed{-4}$ $)-$ $\boxed{}$ $=$ $\boxed{-8}$

4) $\boxed{4}$ $\cdot($ $\boxed{2}$ $-$ $\boxed{}$ $+$ $\boxed{5}$ $-$ $\boxed{10}$ $)$ $=$ $\boxed{36}$

5) $\boxed{}$ $\cdot($ $\boxed{1}$ $-$ $\boxed{5}$ $+$ $\boxed{-4}$ $)-$ $\boxed{11}$ $=$ $\boxed{-35}$

76. Setze die gesuchten Zahlen mit Hilfe der gegebenen Zahlen und der angegebenen Rechenvorschrift zusammen. Beim dritten Beispiel darfst du die Rechenvorschrift selbst wählen. In einer Zeile darf eine Zahl nicht mehrmals vorkommen.

Folgende Zahlen stehen zur Wahl: -4; -2, 0, 1, 2, 4, 5, 8, 10, 16.

Bei diesen Aufgaben gibt es mehrere Möglichkeiten. Im Lösungsteil sind nur drei Vorschläge angegeben.

$10 = \boxed{} + \boxed{} + \boxed{} + \boxed{}$

$10 = \boxed{} + \boxed{} : \boxed{} + \boxed{}$

$10 = \boxed{} \quad \boxed{} \quad \boxed{}$

$50 = \boxed{} \cdot \boxed{} + \boxed{} \cdot \boxed{}$

$50 = \boxed{} \cdot \boxed{} - \boxed{} \cdot \boxed{}$

$50 = \boxed{} \quad \boxed{} \quad \boxed{} \quad \boxed{}$

77. Setze die gesuchten Zahlen mit Hilfe der gegebenen Zahlen und der angegebenen Rechenvorschrift zusammen. Beim dritten Beispiel darfst du die Rechenvorschrift selbst wählen. In einer Zeile darf eine Zahl nicht mehrmals vorkommen.

Folgende Zahlen stehen zur Wahl:
$-3, -2, -1, 0, 1, 2, 3, 4, 5, 7, 10, 12, 15, 20, 25, 30$.

Bei diesen Aufgaben gibt es mehrere Möglichkeiten. Im Lösungsteil sind nur drei Vorschläge angegeben.

$27 = \boxed{} + \boxed{} + \boxed{} + \boxed{}$

$27 = \boxed{} \cdot \boxed{} - \boxed{} - \boxed{}$

$27 = \boxed{} \quad \boxed{} \quad \boxed{} \quad \boxed{}$

$98 = \boxed{} - \boxed{} - \boxed{} \cdot \boxed{}$

$98 = \boxed{} \cdot \boxed{} - \boxed{} - \boxed{}$

$98 = \boxed{} \quad \boxed{} \quad \boxed{} \quad \boxed{}$

78. Rechne nach Vorschrift! Ersetze die Platzhalter durch die richtigen Zahlen! Beachte das Gesetz: „Punktrechnung geht vor Strichrechnung"!

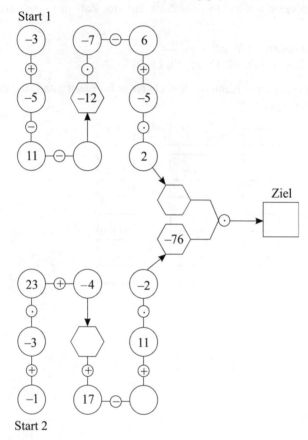

79. Rechne nach Vorschrift! Ersetze die Platzhalter durch die richtigen Zahlen! Beachte das Gesetz: „Punktrechnung geht vor Strichrechnung"!

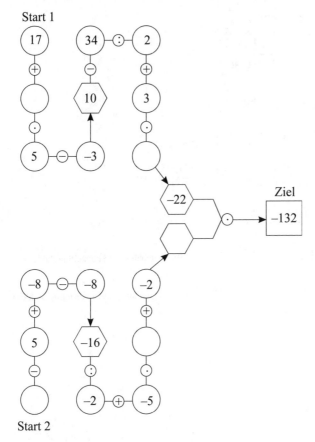

80. Setze in die Platzhalter Zahlen, so dass wahre Aussagen entstehen! Gleiche Platzhalter in einer Aufgabe bedeuten auch gleiche Zahlen!

1) $\square \cdot \square - \bigcirc \cdot \bigcirc \cdot \bigcirc = \bigcirc \cdot \bigcirc \cdot \bigcirc$

2) $\square + \square \cdot \square \cdot \square = 30$

3) $\langle\rangle \cdot \langle\rangle - 2 \cdot \langle\rangle = 80$

4) $\bigcirc \cdot \square \cdot \langle\rangle + \bigcirc \cdot \square \cdot \langle\rangle = \bigcirc \cdot 24$

5) $\bigcirc \cdot \bigcirc + \square \cdot \square + \langle\rangle \cdot \langle\rangle = \langle\rangle \cdot 10$

6) $\square \cdot \square - \bigcirc \cdot \bigcirc - \triangle \cdot \triangle = \bigcirc \cdot \triangle \cdot 2$

7) $\square \cdot \square + \bigcirc \cdot \bigcirc = \langle\rangle \cdot \langle\rangle$ (alle Platzhalter sind einstellige Zahlen)

8) $\square \cdot \square + \bigcirc \cdot \bigcirc = \langle\rangle \cdot \langle\rangle$ (zwei Platzhalter sind zweistellige Zahlen)

Die rationalen Zahlen: Menge $\mathbb{Q}$

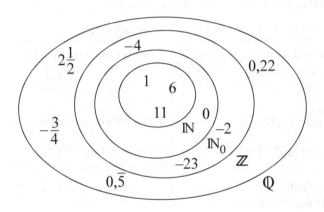

1. Definition

Alle ganzen Zahlen und alle Bruchzahlen bilden zusammen die Menge der **rationalen Zahlen $\mathbb{Q}$**.

2. Bruchzahlen und Dezimalzahlen

Teile eines Ganzen werden als Brüche angegeben.

Bruchzahlen (gemeine Brüche)	**Dezimalzahlen**
Schreibweise mit „Bruchstrich" $\dfrac{3}{4}$ $\leftarrow$ Zähler Z $\phantom{\dfrac{3}{4}}$ $\leftarrow$ Nenner N	Schreibweise mit „Komma" $2,\underbrace{7351}_{\text{Dezimalen}}$
Echter Bruch: Z < N, z. B. $\dfrac{3}{7}$	Endlicher Dezimalbruch, z. B. $\quad$ 3,47
Unechter Bruch: Z > N, z. B. $\dfrac{5}{2}$	Unendlicher periodischer Dezimalbruch, z. B. $\quad$ 2,444... = $2,\overline{4}$
Gemischte Zahl: ganze Zahl und Bruch, z. B. $3\dfrac{4}{5}$ Stammbruch: Z = 1, z. B. $\dfrac{1}{12}$	
Scheinbruch: Der Wert ist eine ganze Zahl, z. B. $\dfrac{24}{8}$	

Beispiele:

1. Gib an, zu welchen der Mengen $\mathbb{N}_0$, $\mathbb{Z}$, $\mathbb{Q}$ folgende Zahlen gehören!

   a) $-\dfrac{3}{4}$ $\qquad\qquad$ b) $\dfrac{12}{8}$

   c) $\dfrac{0}{-8}$ $\qquad\qquad$ d) $\dfrac{20}{5}$

   e) $2,1$ $\qquad\qquad\quad$ f) $\dfrac{3}{0}$

Lösung:

a) $-\dfrac{3}{4} \in \mathbb{Q}$

b) $\dfrac{12}{8} \in \mathbb{Q}$

c) $\dfrac{0}{-8} \in \mathbb{N}_0$ bzw. $\mathbb{Z}$

d) $\dfrac{20}{5} \in \mathbb{N}_0$ bzw. $\mathbb{Z}$

e) $2,1 \in \mathbb{Q}$

f) $\dfrac{3}{0}$ ist nicht definiert, denn durch Null darf man nicht dividieren.

2. Gib die Lösung als Bruch an!
   a) $6 \cdot x = 11$
   b) $-5 \cdot y = 8$
   c) $-8 \cdot z = -30$

Lösung:

a) $x = \dfrac{11}{6}$

b) $y = -\dfrac{8}{5}$

c) $z = \dfrac{30}{8} = \dfrac{15}{4}$

3. Gib die Ergebnisse der Aufgabe 2 als Dezimalzahlen an!

a) $11 : 6 = 1,833...$
$$\underline{6}$$
$$\overline{5}0$$
$$\underline{48}$$
$$\overline{2}0$$
$$\underline{18}$$
$$\overline{2}0$$

b) $8 : 5 = 1,6 \quad \Rightarrow \quad -8 : 6 = -1,6$
$$\underline{5}$$
$$\overline{3}0$$
$$\underline{30}$$
$$-$$

Verschiedene Zeichen ergeben Minus!

c) $30 : 8 = 3,75 \quad \Rightarrow \quad -30 : (-8) = 3,75$
$$\underline{24}$$
$$\overline{6}0$$
$$\underline{56}$$
$$\overline{4}0$$
$$\underline{40}$$
$$-$$

Gleiche Zeichen ergeben Plus!

49

4.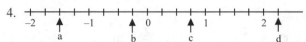

Welche Zahlen werden durch a, b, c, d veranschaulicht?
Gib als Bruchzahl und als Dezimalzahlen an!

$a = -\dfrac{3}{2}$ bzw. $-1,5$ $\qquad$ $c = \dfrac{3}{4}$ bzw. $0,75$

$b = -\dfrac{1}{4}$ bzw. $-0,25$ $\qquad$ $d = 2\dfrac{1}{4}$ bzw. $\dfrac{9}{4}$ bzw. $2,25$

5. Verwandle $13\frac{4}{17}$ in einen unechten Bruch!

Lösung:

$$13\frac{4}{17} = 13 + \frac{4}{17} = \frac{13 \cdot 17}{17} + \frac{4}{17} = \frac{221}{17} + \frac{4}{17} = \underline{\underline{\frac{225}{17}}}$$

6. Verwandle $\frac{254}{13}$ in einen gemischten Bruch!

Lösung:

$254 : 13 = 19$

$\underline{13}$ $\qquad$ ↑

124 $\quad$ Divisor $\qquad \qquad \dfrac{254}{13} = 19\underline{\underline{\dfrac{7}{13}}}$

$\underline{117}$

7 $\quad$ Rest

Regel:
- Man dividiert Zähler durch Nenner.
- Das ganzzahlige Ergebnis (hier 19) ist die ganze Zahl beim gemischten Bruch.
- Der Divisor (hier 13) ist der Nenner des Bruches, der Rest bei der Division (hier 7) ist der Zähler des Bruches!

3. Dezimale Schreibweise und Runden von Dezimalbrüchen

Der Wert einer Ziffer im Dezimalbruch hängt von der Stelle ab, an der sie steht:

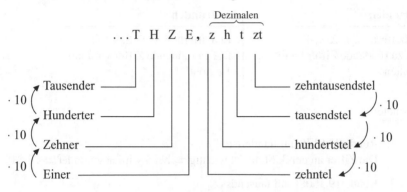

Merke:
Jeder „Schritt" nach links erhöht den Wert einer Ziffer um das Zehnfache.

Der „Aufbau" einer Zahl:

$$858{,}107$$
$$8\,H + 5\,Z + 8\,E + 1\,z + 0\,h + 7\,t$$
$$8 \cdot 100 + 5 \cdot 10 + 8 \cdot 1 + \frac{1}{10} + \frac{0}{100} + \frac{7}{1\,000}$$
$$800 + 50 + 8 + 0{,}1 + 0 + 0{,}007$$
$$\Downarrow$$
$$858{,}107$$

Beispiele:

1. Gib bei der Zahl 21045,1102 die Bedeutung der einzelnen Ziffern an!
   2 ZT, 1 T, 0 H, 4 Z, 5 E, 1 z, 1 h, 0 t, 2 zt

2. Gib die Zahl an: 3 ZT, 2 H, 8 h, 5 t
   $30000 + 200 + 0{,}08 + 0{,}005 = 30200{,}085$

In vielen Fällen benötigt man bei Dezimalbrüchen nur eine bestimmte Anzahl von Stellen. Sind mehr Stellen vorhanden, muss **gerundet** werden.

Maßgebend für die Rundung ist die Ziffer hinter der Stelle, auf die gerundet werden soll.

Abrunden	Aufrunden
Endziffern: 0, 1, 2, 3, 4	Endziffern: 5, 6, 7, 8, 9
Die zu rundende Ziffer bleibt erhalten!	Die zu rundende Ziffer wird um 1 erhöht!

Beispiele:

1. Runde 23,8148 auf hundertstel!
   Die Ziffer an der 3. Stelle ist wichtig $\Rightarrow$ bei 4 wird abgerundet $\Rightarrow$ 23,81

2. Runde 19,10084 auf tausendstel!
   Die Ziffer an der 4. Stelle ist wichtig $\Rightarrow$ bei 8 wird aufgerundet $\Rightarrow$ 19,101

4. Umwandlung von Brüchen in die andere Schreibweise

4.1 Dezimalbruch → Gemeiner Bruch

- Im Zähler stehen die Dezimalen
- Im Nenner steht die entsprechende Stufenzahl

Beispiele:

$$0,67 = \frac{67}{100} \qquad 0,0067 = \frac{67}{10\ 000} \qquad 2,173 = 2\frac{173}{1\ 000}$$

4.2 Gemeiner Bruch → Dezimalbruch

Der Zähler wird durch den Nenner dividiert.

Beispiele:

a) Die Division geht auf:

$$\frac{24}{5} = 24 : 5 = 4{,}8$$
$$\frac{20}{40}$$

$$\frac{3}{8} = 3 : 8 = 0{,}375$$
$$\begin{array}{l} 0 \\ \overline{30} \\ \underline{24} \\ \overline{60} \\ \underline{56} \\ \overline{40} \end{array}$$

b) Die Division geht nicht auf:

$$\frac{10}{3} = 10 : 3 = 3{,}33..$$
$$\begin{array}{l} 9 \\ \overline{10} \\ \underline{9} \\ \overline{10} \end{array}$$

$$\frac{8}{15} = 8 : 15 = 0{,}533..$$
$$\begin{array}{l} 8 \\ \overline{80} \\ \underline{75} \\ \overline{50} \\ \underline{45} \\ \overline{50} \end{array}$$

Man schreibt $3{,}\overline{3}$ Man schreibt $0{,}5\overline{3}$

Solche Brüche nennt man **periodische** Dezimalbrüche.

4.3 Periodische Dezimalbrüche

$$0,7 = \frac{7}{10} \qquad 0,\overline{7} = ?$$

Wie verwandelt man einen periodischen Dezimalbruch in einen gemeinen Bruch?

- Im Zähler steht die Periode.
- Im Nenner stehen so viele Ziffern 9, wie die Periode Ziffern hat.

Beispiele:

$$0,\overline{7} = \frac{7}{9} \qquad 0,\overline{72} = \frac{72}{99} = \frac{8}{11} \qquad 0,\overline{024} = \frac{24}{999} = \frac{8}{333}$$

Beginnt die Periode unmittelbar hinter dem Komma, spricht man von **sofortperiodischen** Dezimalbrüchen, z. B. $0,\overline{7}$, $0,\overline{72}$ usw.

Ein **nichtsofortperiodischer** Dezimalbruch ist z. B. $0,5\overline{3}$.

Wir wird solch ein Dezimalbruch in einen gemeinen Bruch umgewandelt?

Ein nichtsofortperiodischer Dezimalbruch wird so mit einer Stufenzahl multipliziert (und sofort wieder dividiert), dass die Periode unmittelbar hinter dem Komma beginnt. Dann weiter mit der Regel zur Umwandlung eines Dezimalbruchs.

Beispiele:

$$0,5\overline{3} = (\overbrace{0,5\overline{3} \cdot \mathbf{10}}) : \mathbf{10} = 5,\overline{3} : 10 = 5\frac{3}{9} : 10 = 5\frac{1}{3} : 10 = \frac{16}{3} : 10 = \frac{16}{30} = \frac{8}{15}$$

$$0,13\overline{8} = (\overbrace{0,13\overline{8} \cdot \mathbf{100}}) : \mathbf{100} = 13,\overline{8} : 100 = 13\frac{8}{9} : 100 = \frac{125}{9} : 100 = \frac{125}{900} = \frac{5}{36}$$

5. Kürzen und Erweitern von Brüchen

Welcher Schüler erhält von der Torte den größeren Anteil? Schüler A, der sich zwei Stücke abschneidet oder Schülerin B, die sich nur ein Stück abschneidet?

Schüler A   Schülerin B

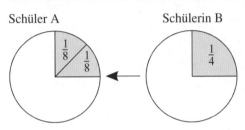

Beide essen die gleiche Menge Torte, da die beiden Brüche den selben Wert haben.

Erweitern:
Zähler **und** Nenner mit derselben Zahl multiplizieren.

Kürzen:
Zähler **und** Nenner durch dieselbe Zahl dividieren.

Beispiele:

1. Erweitere die Brüche $\dfrac{3}{7}$ und $\dfrac{8}{3}$ mit 12!

   Lösung:

   $$\frac{3 \cdot 12}{7 \cdot 12} = \frac{36}{84} \qquad \frac{8 \cdot 12}{3 \cdot 12} = \frac{96}{36}$$

2. Erweitere auf den angegebenen Nenner!

   a) $\dfrac{5}{8} = \dfrac{\quad}{48}$ \qquad b) $\dfrac{17}{14} = \dfrac{\quad}{112}$

   c) $\dfrac{3}{21} = \dfrac{\quad}{105}$

Lösung:

a) $\dfrac{5 \cdot \mathbf{6}}{8 \cdot \mathbf{6}} = \dfrac{30}{48}$
$\cdot\,6$

b) $\overset{\cdot\,8}{\dfrac{17}{14}} = \dfrac{136}{112}$
$\cdot\,8$

c) $\overset{\cdot\,5}{\dfrac{3}{21}} = \dfrac{15}{105}$
$\cdot\,5$

3. Kürze so weit wie möglich:

a) $\dfrac{248}{24}$

b) $\dfrac{105}{30}$

Lösung:

a) gekürzt mit 8

$\dfrac{248 : \mathbf{4}}{24 : \mathbf{4}} = \dfrac{62 : \mathbf{2}}{6 : \mathbf{2}} = \dfrac{31}{3}$

gekürzt mit 4   gekürzt mit 2

b) gekürzt mit 15

$\dfrac{105}{30} = \dfrac{21}{6} = \dfrac{7}{2}$

gekürzt mit 5   gekürzt mit 3

4. Kürze so weit wie möglich:

$\dfrac{24 \cdot 3 \cdot 5 \cdot 20 \cdot 12}{15 \cdot 10 \cdot 16 \cdot 8 \cdot 4}$

Lösung:

Hier sind mehrere Rechenwege möglich!

z. B. $\dfrac{\cancel{24} \cdot 3 \cdot \cancel{5} \cdot \cancel{20} \cdot \cancel{12}}{\cancel{15} \cdot \cancel{10} \cdot \cancel{16} \cdot 8 \cdot \cancel{4}} \left| \dfrac{\cancel{6} \cdot \cancel{2} \cdot 1 \cdot \cancel{3} \cdot 3}{1 \cdot 1 \cdot \cancel{3} \cdot \cancel{4} \cdot \cancel{8}} \right| \dfrac{1 \cdot 1 \cdot 3 \cdot 3}{1 \cdot 2 \cdot 4} = \dfrac{9}{8}$

$\quad\quad\quad\quad$ I $\quad$ II $\quad$ III $\quad$ IV $\quad$ V $\quad$ VI $\quad$ VII $\quad$ VIII $\quad$ IX

I $\quad\quad$ 24 mit 4 gibt im Zähler 6, im Nenner 1
II $\quad\quad$ 20 mit 10 gibt im Zähler 2, im Nenner 1
III $\quad\;$ 5 mit 15 gibt im Zähler 1, im Nenner 3
IV $\quad\;$ 12 mit 16 gibt im Zähler 3, im Nenner 4
V $\quad\quad$ 3 und 8 werden übernommen

VI $\quad\;$ 3 mit 3 gibt im Zähler und Nenner 1
VII $\quad$ 2 mit 4 gibt im Zähler 1, im Nenner 2
VIII $\quad$ 6 mit 8 gibt im Zähler 3, im Nenner 4
IX $\quad\;$ 3 wird übernommen

5. Bestimme den Platzhalter:

a) $\dfrac{65}{20}$ gekürzt mit 5 ist $\square$ $\quad$ **Lösung:** $\dfrac{65:5}{20:5} = \dfrac{13}{4}$ $\quad \Rightarrow \square = \dfrac{13}{4}$

b) $\dfrac{20}{12}$ gekürzt mit $\square$ ist $\dfrac{5}{3}$ $\quad\quad\quad\quad \dfrac{20}{12} = \dfrac{5}{3}$ $\quad \Rightarrow \square = 4$

c) $\square$ erweitert mit 8 ist $\dfrac{88}{32}$ $\quad\quad\quad \dfrac{11}{4} = \dfrac{88}{32}$ $\quad \Rightarrow \square = \dfrac{11}{4}$

6. Kürze $\dfrac{87}{232}$ so weit wie möglich!

Lösung:

Bei größeren Zahlen kann man den Kürzungsfaktor nicht sofort erkennen. 87 lässt sich durch 3 kürzen (Quersumme = 15), 232 aber nicht (Quersumme = 7). Man überprüft jetzt, wie oft die 3 in die 87 geht: 867 : 3 = 29. Nun überprüft man, ob 232 durch 29 teilbar ist: 232 : 29 = 8

Also kann man Zähler und Nenner durch 29 dividieren

$\Rightarrow \dfrac{87}{232} = \dfrac{3}{8}$

$\quad\quad$: 29

6. Größenvergleich von Brüchen

Von zwei Brüchen mit **gleichem Nenner** ist derjenige der kleinere, der den kleineren Zähler hat.

Beispiel:

$$\frac{5}{8} < \frac{7}{8}$$

Von zwei Brüchen mit **gleichem Zähler** ist derjenige der kleinere, der den größeren Nenner hat.

Beispiel:

$$\frac{5}{11} < \frac{5}{7}$$

Um zwei Brüche miteinander vergleichen zu können, muss man sie auf den gleichen Nenner (bzw. gleichen Zähler) bringen.
Der kleinste dieser gemeinsamen Nenner (= kleinstes gemeinsames Vielfaches (kgV) der Nenner) heißt **Hauptnenner**.

Beispiele:

1. Ordne der Größe nach: $\dfrac{5}{8}, \dfrac{7}{12}, \dfrac{9}{14}$

Bestimmung des Hauptnenners:

$$
\begin{array}{rcccccccc}
8 & = & 2 & \cdot & 2 & \cdot & 2 & & \\
12 & = & 2 & \cdot & 2 & & & \cdot & 3 \\
14 & = & 2 & & & & & & \cdot & 7 \\
\hline
& & 2 & \cdot & 2 & \cdot & 2 & \cdot & 3 & \cdot & 7
\end{array}
$$

$$HN = 168$$

$$\frac{5}{8} = \frac{105}{168} \qquad \frac{7}{12} = \frac{98}{168} \qquad \frac{9}{14} = \frac{108}{168}$$

$$\cdot\,21 \qquad\qquad \cdot\,14 \qquad\qquad \cdot\,12$$

$$\frac{98}{168} \;<\; \frac{105}{168} \;<\; \frac{108}{168}$$

$$\Rightarrow \quad \frac{7}{12} \;<\; \frac{5}{8} \;<\; \frac{9}{14}$$

2. Bestimme $\square \in \mathbb{N}_0$ so, dass eine wahre Aussage entsteht!

$$\frac{3}{5} > \frac{\square}{8} \qquad\qquad \text{Hier müssen die Nenner gleichnamig gemacht werden!}$$

$$\frac{24}{40} > \frac{5 \cdot \square}{40}$$

$$\Rightarrow 24 > 5 \cdot \square \qquad\qquad \mathbb{L} = \{0;\,1;\,2;\,3;\,4\}$$

3. Bestimme $\square \in \mathbb{Z}$ so, dass eine wahre Aussage entsteht!

$$\frac{7 \cdot \square}{4} < \frac{5}{6} \qquad\qquad \text{Hier müssen die Nenner gleichnamig gemacht werden!}$$

$$\frac{21 \cdot \square}{12} < \frac{10}{12}$$

$$\Rightarrow 21 \cdot \square < 10 \qquad\qquad \mathbb{L} = \{\ldots\,-2;\,-1;\,0\}$$

4. Bestimme $\square \in \mathbb{N}$ so, dass eine wahre Aussage entsteht!

$$\frac{10}{\square} < \frac{15}{4} \qquad\qquad \text{Hier müssen die Zähler gleichnamig gemacht werden!}$$

$$\frac{30}{3 \cdot \square} < \frac{30}{8}$$

$$\Rightarrow 3 \cdot \square > 8! \qquad\qquad \mathbb{L} = \{3;\,4;\,5;\,\ldots\}$$

7. Das kleinste gemeinsame Vielfache (kgV)

In einem Baumarkt gibt es Holzstäbe mit zwei verschiedenen Längen.
Länge A: 50 cm, Länge B: 70 cm.
Wieviele Stäbe jeder Sorte muss man nebeneinander legen, um die gleiche Gesamtlänge zu erhalten?

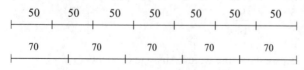

Gesamtlänge:
7 · 50 cm = 350 cm $\Rightarrow$ 7 Stäbe der Länge A
5 · 70 cm = 350 cm $\Rightarrow$ 5 Stäbe der Länge B

Möglichkeit der Berechnung:

50	100	150	200	250	300	<u>350</u>	400
70	140	210	280	<u>350</u>	420		

Diese beiden Methoden sind sehr umständlich, weshalb man das kgV sucht, das ist die kleinste Zahl, in der beide Größen enthalten sind.

Dazu zerlegt man die Zahlen, von denen man das kleinste gemeinsame Vielfache sucht, in ihre Primfaktoren:

$50 = \underline{2} \cdot 25$
    ↓   kürzer: $50 = 2 \cdot 5 \cdot 5$
    $\underline{5} \cdot \underline{5}$

$70 = \underline{2} \cdot 35$
    ↓   kürzer: $70 = 2 \cdot 5 \cdot 7$
    $\underline{5} \cdot \underline{7}$

Beachte: Nur gleiche Zahlen dürfen untereinander geschrieben werden!

$$50 = \boxed{2} \cdot \boxed{5} \cdot \boxed{5} \quad \boxed{}$$
$$70 = \boxed{2} \cdot \boxed{5} \quad \boxed{} \cdot \boxed{7}$$

$\qquad\quad 2 \cdot 5 \cdot 5 \cdot 7 \quad \Leftarrow$ Man schreibt von jeder Spalte **eine** Ziffer,
$\quad = 350 \qquad\qquad\qquad\qquad$ ganz gleich, ob die Spalte aufgefüllt ist
$\text{kgV}(50; 70) = 350 \qquad\qquad$ oder Lücken aufweist!

Beispiel:

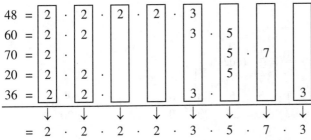

$$48 = 2 \cdot 2 \cdot 2 \cdot 2 \cdot 3$$
$$60 = 2 \cdot 2 \qquad\qquad 3 \cdot 5$$
$$70 = 2 \qquad\qquad\qquad\qquad 5 \cdot 7$$
$$20 = 2 \cdot 2 \qquad\qquad\qquad 5$$
$$36 = 2 \cdot 2 \qquad\qquad 3 \qquad\qquad 3$$

$$= 2 \cdot 2 \cdot 2 \cdot 2 \cdot 3 \cdot 5 \cdot 7 \cdot 3$$
$$\text{kgV} = 5\,040$$

8. Addition und Subtraktion von Brüchen und Dezimalbrüchen

Brüche können nur zusammengefasst (addiert bzw. subtrahiert) werden, wenn sie den gleichen Nenner besitzen,

Den gleichen Nenner erhält man durch **Erweitern**. Der **Hauptnenner** ist das **kleinste gemeinsame Vielfache** (kgV) der Teilnenner.

Die Brüche werden dann addiert bzw. subtrahiert, indem man die einzelnen Zähler addiert bzw. subtrahiert und die Nenner beibehält.

Beispiele:

1. $\dfrac{3}{8} + \dfrac{5}{6} = \dfrac{9}{24} + \dfrac{20}{24} = \dfrac{29}{24}$ (oder $1\dfrac{5}{24}$)

2. $\dfrac{1}{4} - \dfrac{3}{10} - \dfrac{12}{5} + \dfrac{1}{2} = \dfrac{5}{20} - \dfrac{6}{20} - \dfrac{48}{20} + \dfrac{10}{20} = -\dfrac{39}{20}$ (oder $-3\dfrac{9}{20}$)

$\downarrow$

kürzer:

$$\dfrac{5 - 6 - 48 + 10}{20}$$

Dezimalbrüche muss man beim Addieren bzw. Subtrahieren so anordnen, dass die Kommas untereinander stehen.

Beispiele:

1.
```
      32,048
     115,317
 +    28,987
     1 1 1 2
     176,352
```
←— Wenn man einen „Zehner" überspringt, kann man sich diese Zahl hier anschreiben! (z. B.: „zwei gemerkt", wenn man über 20 zählt)

2.
```
    8043,0458
 −   687,1925
   1 1 1 1 1
    7355,8533
```

62

9. Multiplikation und Division von Brüchen und Dezimalbrüchen

Multiplikation:
Brüche werden multipliziert, indem man das Produkt der Zähler durch das Produkt der Nenner dividiert.

Formel:

$$\frac{a}{b} \cdot \frac{c}{d} = \frac{a \cdot c}{b \cdot d}$$

Beispiel:

$$\frac{3}{5} \cdot \frac{8}{7} = \frac{24}{35}$$

Dezimalzahlen werden multipliziert, indem man ohne Rücksicht auf das Komma multipliziert. Das Ergebnis hat genau so viele Dezimalen wie die Zahlen zusammen.

Beispiel:

$0,43 \cdot 2,173$ (2 + 3 = 5 Dezimalen)

$\underline{43 \cdot 2173}$
86
43
301
$\underline{129}$
93439

0,93439 (5 Dezimalen)

Division:
Durch einen Bruch wird dividiert, indem man mit dem Kehrwert multipliziert.

Formel:

$$\frac{a}{b} : \frac{c}{d} = \frac{a \cdot d}{b \cdot c}$$

$$a : \frac{b}{c} = a \cdot \frac{c}{b}$$

Beispiel:

$$\frac{3}{4} : \frac{5}{7} = \frac{3}{7} \cdot \frac{7}{5} = \frac{21}{20}$$

$$5 : \frac{3}{8} = 5 \cdot \frac{8}{3} = \frac{40}{3}$$

Das Ergebnis der Division (Dividend : Divisor) nennt man **Quotientenwert**. Beim Dividieren darf im Divisor kein Komma vorkommen. Deshalb werden im Dividenden **und** im Divisor die Kommas um die gleiche Stellenzahl so weit nach rechts verschoben, bis der Divisor kommafrei ist.

Beispiel:

93,52125 : 24,45

2 Stellen   2 Stellen

$$9352{,}125 : 2445 = 3{,}825$$

$$\underline{7335}$$
$$20171 \quad \text{Komma setzen, weil im Dividenden}$$
$$\underline{19560} \quad \text{das Komma übersprungen wird.}$$
$$6112$$
$$\underline{4890}$$
$$12225$$
$$\underline{12225}$$
$$-$$

Division mit Doppelbrüchen:
Man ersetzt den „Hauptbruchstrich" durch ein Divisionszeichen.

Formel:

$$\frac{\frac{a}{b}}{\frac{c}{d}} = \frac{a}{b} : \frac{c}{d} = \frac{a \cdot d}{b \cdot c}$$

Beispiel:

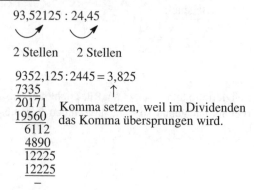

$$\frac{\frac{14}{9}}{\frac{24}{15}} = \frac{14}{9} : \frac{24}{15} = \frac{\overset{7}{\cancel{14}} \cdot \overset{5}{\cancel{15}}}{\underset{3}{\cancel{9}} \cdot \underset{12}{\cancel{24}}} = \frac{35}{36}$$

10. Zusammengesetzte Aufgaben

Wird in einer Aufgabe gleichzeitig addiert, subtrahiert, multipliziert und dividiert, gelten **wichtige** Regeln:

- Punktrechnung geht vor Strichrechnung
- Klammern werden zuerst berechnet
- Bei mehreren Klammern werden die „inneren" Klammern zuerst berechnet

Beispiele:

1.
$$\frac{3}{4} - \frac{1}{2} \cdot \frac{4}{5} + 2 : \frac{1}{3} = \frac{3}{4} - \frac{4}{10} + \frac{2 \cdot 3}{1} = \frac{3}{4} - \frac{2}{5} + 6$$
$$= \frac{15}{20} - \frac{8}{20} + \frac{120}{20} = \underline{\underline{\frac{127}{20}}} \left(= 6\frac{7}{20} \right)$$

2.
$$2,5 - \left[\frac{1}{8} + \frac{3}{2} \cdot \frac{4}{9} - \left(\frac{2}{5} - 2 \cdot \frac{1}{3} \right) - 5,2 : \frac{1}{3} \right]$$
$$= 2,5 - \left[\frac{1}{8} + \frac{12}{18} - \left(\frac{2}{5} - \frac{2}{3} \right) - \frac{52}{10} \cdot \frac{3}{1} \right]$$
$$= \frac{5}{2} - \left[\frac{1}{8} + \frac{2}{3} - \left(\frac{6}{15} - \frac{10}{15} \right) - \frac{156}{10} \right]$$
$$= \frac{5}{2} - \left[\frac{1}{8} + \frac{2}{3} - \left(-\frac{4}{15} \right) - \frac{78}{5} \right]$$
$$= \frac{5}{2} - \left[\frac{15}{120} + \frac{80}{120} + \frac{32}{120} - \frac{1\,872}{120} \right] = \frac{300}{120} - \left(-\frac{1\,745}{120} \right) = \frac{2\,045}{120} = \underline{\underline{\frac{409}{24}}}$$

11. Einfache Aufgaben mit Text

Bei solchen Aufgaben musst du den Text in Terme umsetzen. Manchmal ist dabei eine Skizze oder eine Tabelle vorteilhaft.
Textaufgaben soll man mit einem vollständigem Satz beantworten.

Beispiele:

1. 4 Freunde besitzen zusammen 48 Spielzeugautos!
   $\frac{1}{3}$ der Autos gehören Thomas, $\frac{3}{8}$ der Autos gehören Stefan,

   $\frac{1}{12}$ der Autos gehören Karl, die übrigen Autos gehören Jörg.
   Wieviele Autos besitzt jeder?

   $\frac{1}{3}$ von $48 = 16$ Autos gehören Thomas

   $\frac{3}{8}$ von $48 = \frac{3}{8} \cdot 48 = 18$ Autos gehören Stefan

   $\frac{1}{12}$ von $48 = \frac{1}{12} \cdot 48 = 4$ Autos gehören Karl

   $48 - (16 + 18 + 4) = 10$ Autos gehören Jörg.

2. Ein Grundstück von 45,2 m Länge und 18,4 m Breite soll in 4 gleiche Teile aufgeteilt werden. Wieviele Quadratmeter hat dann ein Teil?
   Gesamtfläche:

   $18,4 \cdot 45,2$
   $\overline{736}$
   920
   368
   $\overline{831,68 \text{ m}^2}$

   $831,68 : 4 = 207,92$
   $\underline{8}$
   $\overline{-3}$
   $\underline{0}$
   $\overline{31}$
   $\underline{28}$
   $\overline{36}$
   $\underline{36}$
   $\overline{-8}$
   $\underline{8}$
   $\overline{}$

   Ein Teil hat 207,92 m²

12. Aufgaben

81. Übertrage die Tabelle in dein Übungsheft und trage das richtige Zeichen ($\in$, $\notin$) ein:

	$\mathbb{N}$	$\mathbb{N}_0$	$\mathbb{Z}$	$\mathbb{Z}^-$	$\mathbb{Q}$
$-3{,}1$					
$-\dfrac{8}{2}$					
$1\dfrac{1}{3}$					
$\dfrac{0}{5}$					
4					
$\dfrac{8}{11}$					

82.

Welche Zahlen werden durch a – f veranschaulicht. Gib als Bruchzahl und als Dezimalzahl an!

83. Entscheide mit wahr oder falsch:

a) $-\dfrac{3}{4} \subset \mathbb{Q}$ b) $\mathbb{N}_0 \subset \mathbb{Z}$ c) $1\dfrac{1}{2} \in \mathbb{Q}$

d) $\dfrac{5}{3} \notin \mathbb{N}$ e) $\mathbb{Q} \not\subset \mathbb{Z}$ f) $-1{,}1 \notin \mathbb{Q}$

g) $-\dfrac{10}{2} \in \mathbb{Z}$ h) $\dfrac{0}{4} \in \mathbb{N}_0$

84. Bestimme die Lösung: $x \in \mathbb{N}_0$

a) $3 \cdot x = 18$ b) $-2 \cdot x = -212$ c) $0{,}25 \cdot x = 8$

d) $-8{,}3 \cdot x = 0$ e) $-11 \cdot x = -20$ f) $x \cdot 2 = -10$

g) $24 \cdot x = 264$ h) $x \cdot (-7) = -707$

85. Bestimme die Lösung: $x \in \mathbb{Q}$

    a) $3 \cdot x = 17$ b) $-5 \cdot x = -32$ c) $x \cdot 8 = -96$

    d) $-2 \cdot x = -8$ e) $1,5 \cdot x = 6$ f) $2,25 \cdot x = 18$

    g) $-5 \cdot x = 0$ h) $8 \cdot x = 15$

86. Wie könnte eine Aussageform lauten, die folgende Ergebnisse hat:

    a) $\dfrac{3}{4}$ b) -2 c) $\dfrac{-8}{-5}$

    d) $\dfrac{-5}{6}$ e) $\dfrac{2}{7}$ f) $\dfrac{5}{-11}$

87. Im Infoteil hast du erfahren, dass der Quotient aus zwei ganzen Zahlen wieder eine ganze Zahl oder eine Bruchzahl sein kann.

Kann auch der Quotient aus zwei Brüchen oder zwei Dezimalzahlen eine ganze Zahl sein? Begründe deine Entscheidung mit einigen Beispielen!

88. Welcher Bruch stellt eine ganze Zahl dar?

    a) $\dfrac{14}{7}$ b) $\dfrac{-30}{7}$ c) $\dfrac{-120}{-20}$

    d) $\dfrac{100}{-24}$ e) $\dfrac{-324}{-18}$ f) $\dfrac{24}{9}$

    g) $\dfrac{153}{17}$ h) $\dfrac{-506}{23}$ i) $\dfrac{3}{2}$

89. Verwandle in einen unechten Bruch:

    a) $12\dfrac{7}{8}$ b) $21\dfrac{15}{17}$ c) $8\dfrac{23}{110}$

90. Verwandle in einen gemischten Bruch:

    a) $\dfrac{118}{3}$ b) $\dfrac{227}{14}$

    c) $\dfrac{825 \cdot}{17}$ d) $\dfrac{2\,324}{27}$

91. Gib die Bedeutung der einzelnen Ziffern der Dezimalzahlen an:

a) 25,01

b) 408,108

c) 100100,001

d) 0,823

e) 2005,0104

f) 12301,0003

92. Gib die Dezimalzahl an:

a) 3 H 2 E 5 z

b) 3 M 3 H 3 E, 3 h

c) 4 ZT 2 T 2 E, 5 z 3 zt

d) 5 M 5 h

93. Runde auf die angegebene Stelle:

a) 301,0814 (2. Stelle)

b) 42,1394 (2. Stelle)

c) 11,098 (2. Stelle)

d) 0,8235 (3. Stelle)

e) 1,25067 (4. Stelle)

f) 12,0006 (1. Stelle)

94. Verwandle in einen gemeinen Bruch!

a) 0,23

b) 2,17

c) 3,08

d) 0,5

e) 21,2

f) −3,23

g) 0,005

h) −10,23

i) 217,1

k) 0,345

95. Verwandle in einen Dezimalbruch!

a) $\dfrac{3}{4}$

b) $\dfrac{7}{15}$

c) $\dfrac{3}{5}$

c) $\dfrac{3}{5}$

d) $\dfrac{22}{3}$

e) $4\dfrac{1}{5}$

f) $-2\dfrac{5}{7}$

g) $23\dfrac{5}{8}$

h) $\dfrac{1}{11}$

i) $-15\dfrac{1}{4}$

k) $210\dfrac{1}{8}$

l) $-8\dfrac{13}{15}$

m) $2\dfrac{7}{12}$

96. Verwandle in einen gemeinen Bruch!

a) $0,\overline{4}$ b) $-0,\overline{2}$ c) $0,\overline{02}$

d) $0,\overline{004}$ e) $1,\overline{7}$ f) $21,\overline{21}$

g) $-3,\overline{81}$ h) $100,\overline{100}$ i) $-2,\overline{0018}$

k) $1,\overline{93}$ l) $0,\overline{9}$ m) $-5,\overline{198}$

97. Verwandle in einen gemeinen Bruch!

a) $0,0\overline{4}$ b) $-0,00\overline{2}$ c) $1,1\overline{2}$

d) $1,11\overline{2}$ e) $3,1\overline{2}$ f) $0,0\overline{72}$

g) $-5,3\overline{4}$ h) $-4,3\overline{45}$ i) $22,0\overline{2}$

k) $412,1\overline{3}$

98. Erweitere die 4 Brüche auf alle angegebenen Nenner:

a) $\dfrac{3}{8}$ b) $\dfrac{17}{3}$

c) $\dfrac{11}{6}$ d) $\dfrac{5}{12}$

Nenner 1:   48

Nenner 2:   72

Nenner 3:   288

99. Erweitere auf den angegebenen Nenner:

a) $\dfrac{24}{8}$ $N = 88$ b) $\dfrac{3}{7}$ $N = 63$ c) $\dfrac{11}{3}$ $N = 123$

d) $\dfrac{5}{4}$ $N = 404$ e) $\dfrac{33}{5}$ $N = 200$ f) $\dfrac{2}{9}$ $N = 108$

g) $\dfrac{4}{7}$ $N = 84$ h) $\dfrac{2}{13}$ $N = 169$

100. Kürze soweit wie möglich:

$$\frac{14}{12}, \frac{23}{69}, \frac{31}{17}, \frac{120}{52}, \frac{315}{15}, \frac{1\,024}{60}, \frac{4\,122}{27}, \frac{1\,000}{512}, \frac{78}{91}, \frac{171}{95},$$

$$\frac{111}{259}!, \frac{287}{451}!$$

101. Kürze so weit wie möglich:

a) $\dfrac{5 \cdot 3 \cdot 18 \cdot 25}{10 \cdot 5 \cdot 15 \cdot 20}$

b) $\dfrac{15 \cdot 21 \cdot 3 \cdot 8 \cdot 48}{4 \cdot 27 \cdot 16 \cdot 35 \cdot 2}$

c) $\dfrac{64 \cdot 17 \cdot 14 \cdot 9 \cdot 120}{24 \cdot 63 \cdot 98 \cdot 2 \cdot 100 \cdot 51}$

d) $\dfrac{8 \cdot 24 \cdot 15 \cdot 100 \cdot 60 \cdot 4 \cdot 8}{60 \cdot 40 \cdot 120 \cdot 48 \cdot 16 \cdot 12}$

102. Berechne den Platzhalter!

a) $\dfrac{28}{6}$ gekürzt mit 2 ist $\square$

b) $\dfrac{5}{12}$ erweitert mit $\square$ ist $\dfrac{45}{108}$

c) $\square$ gekürzt mit 17 ist $\dfrac{3}{8}$

d) $\dfrac{7}{18}$ erweitert mit 12 ist $\square$

e) $\dfrac{92}{391}$ gekürzt mit $\square$ ist $\dfrac{4}{17}$

f) $\square$ erweitert mit 15 ist $\dfrac{30}{135}$

g) $\dfrac{24}{112}$ gekürzt mit 4 ist $\square$

h) $\dfrac{3}{7}$ erweitert mit $\square$ ist $\dfrac{63}{147}$

i) $\square$ gekürzt mit 9 ist $\dfrac{14}{29}$

k) $\dfrac{112}{41}$ erweitert mit $\square$ ist $\dfrac{672}{246}$

103. Ordne nach der Größe:

a) $\dfrac{3}{4}, \dfrac{5}{6}$

b) $\dfrac{5}{8}, \dfrac{7}{10}$

c) $\dfrac{11}{15}, \dfrac{13}{20}$

d) $\dfrac{5}{9}, \dfrac{17}{30}$

104. Ordne nach der Größe:

a) $\dfrac{3}{4}, \dfrac{5}{6}, \dfrac{4}{5}, \dfrac{11}{14}$

b) $\dfrac{7}{9}, \dfrac{5}{6}, \dfrac{8}{15}, \dfrac{12}{25}$

105. Welche Zahlen $\in \mathbb{N}_0$ kann man für den Platzhalter einsetzen?

a) $\dfrac{\square}{4} < \dfrac{7}{8}$
b) $\dfrac{3}{\square} > \dfrac{5}{11}$
c) $\dfrac{2}{3} < \dfrac{\square}{5}$

c) $\dfrac{2}{3} < \dfrac{\square}{5}$
d) $\dfrac{11}{9} < \dfrac{3}{\square}$
e) $\dfrac{3 \cdot \square}{8} < 5$

f) $\dfrac{5}{3 \cdot \square} > \dfrac{15}{8}$
g) $\dfrac{15}{4} < \dfrac{4 \cdot \square}{3}$
h) $\dfrac{2}{11} > \dfrac{\square}{7}$

i) $7 < \dfrac{5 \cdot \square}{3}$
k) $\dfrac{1}{8} \geq \dfrac{\square}{4}$
l) $\dfrac{5}{9} > \dfrac{5}{\square \cdot \square}$

m) $\dfrac{23}{\square \cdot \square} > \dfrac{46}{3}$

106. Welche Zahlen $\in \mathbb{Z}$ kann man für den Platzhalter einsetzen?

a) $\dfrac{\square}{8} < \dfrac{5}{6}$
b) $\dfrac{4}{9} > \dfrac{\square}{12}$
c) $\dfrac{10}{7} > \dfrac{6}{\square}$

d) $\dfrac{2 \cdot \square}{3} < \dfrac{2}{5}$
e) $\dfrac{4}{7} > \dfrac{2 \cdot \square}{3}$
f) $-5 < \dfrac{\square}{5}$

g) $\dfrac{5}{2} > \dfrac{4}{5 \cdot \square}$
h) $\dfrac{\square \cdot \square}{3} < -8$

107. Bestimme das kgV der Zahlen:

a) 20, 30, 40
b) 24, 30, 36

c) 30, 45, 80
d) 20, 25, 30

108. Bestimme das kgV der Zahlen:

a) 4, 6, 18, 20
b) 4, 14, 20, 30

109. Bestimme das kgV der Zahlen:

24, 30, 42, 64, 80, 96

110. Vater, Sohn und Tochter gehen spazieren. Der Vater hat eine Schrittlänge von 80 cm, der Sohn 70 cm, die Tochter 60 cm. Wegen dieser verschiedenen Schrittlängen geraden sie „außer Schritt".

a) Nach welcher Strecke sind sie wieder „im Schritt"?

b) Wie viele Schritte hat dann jeder von ihnen gemacht?

111. Auf einem kleinen Sportplatz machen Thomas und Stefan einen Wettlauf. Die Aschenbahn des Sportfeldes ist 300 m lang. Thomas läuft eine Runde in 50 Sekunden, Stefan in 45 Sekunden.

a) Wann treffen die beiden gleichzeitig wieder an der Startlinie zusammen?

b) Wie viele Runden ist dann jeder gelaufen?

c) Wie viele Meter hat jeder zurückgelegt?

112. a) $\dfrac{3}{4} - \dfrac{5}{6}$ b) $\dfrac{5}{14} + \dfrac{3}{21}$

c) $4\dfrac{1}{2} - 8\dfrac{1}{3}$ d) $-\dfrac{4}{9} + \dfrac{5}{12}$

e) $\dfrac{3}{7} - 2\dfrac{1}{3}$ f) $\dfrac{24}{11} - \dfrac{5}{44}$

g) $15\dfrac{3}{4} - 22\dfrac{1}{8}$ h) $-\dfrac{5}{9} - \dfrac{17}{12}$

113. a) $3\dfrac{1}{2} - 4\dfrac{1}{6} + \dfrac{5}{8}$ b) $-5\dfrac{1}{3} + \dfrac{22}{9} - \dfrac{5}{12}$

c) $33\dfrac{1}{3} - 5\dfrac{4}{5} + \dfrac{83}{6}$ d) $\dfrac{4}{9} - \dfrac{5}{6} + 2\dfrac{1}{3} - \dfrac{25}{12}$

e) $\dfrac{23}{5} - 5 + \dfrac{7}{10} + 2\dfrac{1}{2}$ f) $-\dfrac{5}{9} + \dfrac{17}{12} - \dfrac{8}{21} + 5\dfrac{1}{3}$

114. a) $28{,}0492 + 211{,}23$ b) $21{,}385 - 17{,}4029$

c) $-441{,}043 + 389{,}415$ d) $0{,}0023 + 1{,}99052$

e) $3{,}1741 - 215{,}8957$ f) $-321{,}503 - 62{,}0541$

115. a) $17801,998 + 117,005 + 38,901 + 1199,831$

    b) $30049,038 - 21,538 + 1999,998 - 271,05$

    c) $30812,398 + 451,051 - 8315,372 + 3195,009$

116. a) $\dfrac{25}{4} - 0,25 + 3\dfrac{1}{2} + 0,2$ b) $3,6 - \dfrac{5}{4} - \dfrac{15}{8} + 1,5$

    c) $24\dfrac{1}{2} - 3,5 + \dfrac{3}{4} + \dfrac{5}{8}$ d) $5\dfrac{1}{3} - 0,4 - \dfrac{1}{8} + 2,5 - \dfrac{1}{3}$

    e) $22\dfrac{1}{2} - 4,3 - 1 + \dfrac{5}{4} - 25\dfrac{3}{5}$ f) $100 - 52\dfrac{1}{4} + 0,8 - \dfrac{4}{5} - 2\dfrac{1}{2}$

117. In der ersten Mathematik-Schulaufgabe hatte $\dfrac{1}{4}$ der Schüler die Note 3, $\dfrac{2}{7}$ der Schüler die Note 4, $\dfrac{1}{14}$ der Schüler die Note 5. Die Note 2 erhielten 11 Schüler, die Noten 1 und 6 erhielt niemand.

    a) Wie viele Schüler sind in der Klasse?

    b) Wieviele Schüler erhielten die Noten 3, 4 und 5?

    c) Berechne den Notendurchschnitt!

118. a) $\dfrac{3}{4} \cdot \dfrac{24}{15}$ b) $4\dfrac{1}{2} \cdot 5\dfrac{2}{3}$

    c) $\dfrac{10}{17} \cdot \dfrac{85}{3}$ d) $\dfrac{3}{8} \cdot \dfrac{20}{39}$

    e) $5\dfrac{3}{11} \cdot 10\dfrac{33}{35}$ f) $\dfrac{202}{65} \cdot \left(-\dfrac{91}{64}\right)$

    g) $\dfrac{3}{4} \cdot \dfrac{5}{9} \cdot \dfrac{10}{7} \cdot \dfrac{21}{11}$ h) $\dfrac{34}{3} \cdot \left(-\dfrac{12}{68}\right) \cdot \dfrac{9}{16} \cdot \dfrac{120}{7} \cdot \dfrac{5}{24}$

    i) $\dfrac{12}{5} \cdot \left(-\dfrac{3}{16}\right) \cdot \dfrac{128}{15} \cdot \dfrac{9}{64} \cdot \dfrac{7}{3} \cdot \left(-\dfrac{22}{35}\right)$

119. a) $3,8 \cdot 2,5$

    b) $14,3 \cdot 21,7$

    b) $-0,8 \cdot 12,3$

    d) $23,15 \cdot 12,16$

    e) $34,05 \cdot (-25,08)$

    f) $-12,15 \cdot 111,35$

    g) $305,008 \cdot 0,007$

    h) $175,12 \cdot 23,48$

120. a) $3 : \dfrac{7}{9}$

    b) $\dfrac{15}{8} : \dfrac{35}{24}$

    c) $\dfrac{5}{3} : \left(-\dfrac{130}{9}\right)$

    d) $\left(-3\dfrac{1}{2}\right) : \left(-2\dfrac{1}{4}\right)$

    e) $\dfrac{234}{45} : \dfrac{2}{9}$

    f) $\left(4\dfrac{1}{3} : 2\right) : \dfrac{1}{5}$

    g) $\dfrac{1\,008}{14} : \dfrac{999}{56}$

    h) $-4\dfrac{3}{8} : 44\dfrac{5}{8}$

    i) $\left(\dfrac{32}{15} : \dfrac{30}{7}\right) : \left(-\dfrac{16}{45}\right)$

121. a) $16,8 : 4,2$

    b) $23,8 : (-3,5)$

    c) $49,815 : 40,5$

    d) $2,1504 : 0,42$

    e) $-211,152 : 66,4$

    f) $3,56 : 0,08$

    g) $4,88884 : 222,22$

    h) $-319,8 : (-3,075)$

    i) $0,00004 : 0,005$

122. a) $\dfrac{\frac{3}{4}}{\frac{27}{16}}$

    b) $\dfrac{\frac{1}{4}}{-\frac{1}{3}}$

    c) $\dfrac{\frac{15}{8}}{\frac{45}{4}}$

    d) $\dfrac{\frac{625}{64}}{\frac{125}{32}}$

    e) $\dfrac{-\frac{55}{3}}{-\frac{25}{12}}$

    f) $\dfrac{\frac{24}{3}}{\frac{15}{8}}$

    g) $\dfrac{5\frac{1}{2}}{3\frac{1}{4}}$

    h) $\dfrac{-\frac{100}{9}}{5\frac{1}{3}}$

    i) $\dfrac{\frac{44}{3} \cdot \frac{2}{9}}{5\frac{1}{2} : \frac{3}{4}}$

123. $\dfrac{1}{1+\dfrac{1}{1+\frac{1}{3}}}$

124. Jetzt kannst du beweisen, ob du ein guter „Bruchrechner" bist:

$$\dfrac{1}{1+\dfrac{1}{1+\dfrac{1}{1+\dfrac{1}{1+\frac{1}{5}}}}}$$

125. Schreibe das Ergebnis als periodischen Dezimalbruch:

$0,\overline{2}\cdot 1,25+0,\overline{3}:0,\overline{6}$

126. Das Ergebnis ist eine ganze Zahl. Zeige dies durch Rechnung!

$1\dfrac{7}{18}:0,\overline{5}-0,\overline{27}\cdot 1,8\overline{3}+0,\overline{3}\cdot 3$

127. $0,4:0,2-\dfrac{1}{3}:\dfrac{1}{8}+2\cdot\left(5-\dfrac{3}{4}:\dfrac{9}{8}\right)$

128. $\left(4,3-2:\dfrac{5}{4}\right)\cdot\left(2-5\cdot\dfrac{7}{8}\right)$

129. $\dfrac{1}{3}-\left[2-\left(\dfrac{5}{9}-5:\dfrac{3}{4}\right)+\dfrac{1}{2}\cdot 7\right]+12$

130. $\left[\left(\dfrac{3}{4}:\dfrac{1}{2}\right):\dfrac{1}{3}\right]:\dfrac{1}{4}$

131. $\left(\dfrac{1}{3}:\dfrac{1}{4}-\dfrac{1}{4}:\dfrac{1}{3}\right)+\dfrac{1}{4}\cdot\dfrac{1}{3}$

132. $3 - \dfrac{\frac{4}{3}}{2 \cdot \frac{3}{4}} + 2 : \dfrac{7}{8} - \dfrac{1}{2} - \dfrac{365}{126}$

133. $-\dfrac{4}{3} : 2,5 + \dfrac{1}{2} - 2 : \dfrac{3}{4} - \left(\dfrac{1}{8} - \dfrac{3}{10}\right) + \dfrac{1}{20}$

134. $\left(15\dfrac{1}{4} - 3 : \dfrac{1}{2}\right) : \left(1,5 - 8\dfrac{1}{3}\right)$

135. $-\left[3 - \dfrac{2}{5} \cdot \left(\dfrac{3}{5} : \dfrac{6}{5} - 2 \cdot 1,5\right) - \dfrac{3}{8} : 4\right] + \dfrac{125}{32}$

136. $\left[-\dfrac{3}{4} \cdot \left(-\dfrac{12}{7}\right)\right] : \left(-\dfrac{3}{5}\right) - 1 : \dfrac{1}{4}$

137. $(8,9 \cdot 0,063) : 0,9 + 5 : 0,25$

138. $[(0,0048 : 0,12) - 22,22 : 11,11] \cdot \dfrac{3}{5}$

139. $\dfrac{\frac{3}{4} - 1 : \frac{3}{8}}{\frac{5}{8} + 2 \cdot \left(-\frac{7}{3}\right)}$

140. $\dfrac{\frac{3}{4} - \frac{1}{2} \cdot \left(4 - \frac{1}{3}\right)}{2 : \frac{3}{4}}$

141. $\dfrac{6 : \frac{3}{4} + 2 \cdot \frac{1}{3} - 5}{\frac{8}{3} - 2,5}$

142. $\dfrac{\frac{1}{2} - \frac{5}{3} : \frac{11}{6}}{2 \cdot \left(\frac{1}{2} - \frac{3}{4}\right)}$

143. $\dfrac{\frac{3}{4} - \frac{8}{5} : \frac{3}{10} - \left(7 - \frac{1}{8} : \frac{1}{8}\right)}{\left(-2 \cdot \frac{3}{4}\right) : \left(-\frac{5}{4}\right)}$

144. $\dfrac{4\frac{1}{2} - \frac{3}{5} : \frac{9}{10} + 1{,}5}{2 - \left(4 - \frac{3}{4}\right) : \frac{3}{2}}$

145. $\dfrac{2{,}5 + \frac{6}{5} \cdot \left[8 : \left(-\frac{4}{3}\right) - 2\right]}{\frac{3}{4} - \left(6\frac{1}{2} - 3\frac{1}{4}\right) : 2}$

Und jetzt kommen einige Aufgaben (146–159), bei deren Lösung du „spielend"
Bruchrechnen lernst!

146. Schreibe die Ergebnisse mit Worten! (ö = oe)

1) $13{,}17 + 18{,}19 - 1{,}36 - 2{,}5 \cdot 4$ _ _ _ _ _ _ □̲

2) $34{,}021 - 83{,}49 : 11 + 73{,}57 - 0{,}001$ □̲ _ _ _ _ _ _

3) $1123{,}151 - 101{,}305 - 20{,}946 - 999{,}9$ □̲ _ _ _

4) $8{,}5 - 1{,}65 + 0{,}005 + 3{,}145$ _ □̲ _ _

5) $120 + 0{,}465 \cdot 8 - 44{,}25 \cdot 2 - 5{,}22$ _ □̲ _ _ _ _ _ _

6) $88{,}888 - 77{,}123 - 24{,}69 : 3 - 3{,}535$ □̲ _ _ _

7) $9{,}85 + 19{,}008 : 2{,}2 - 2{,}6 \cdot 4 - 4{,}09$ □̲ _ _ _

8) $18{,}3 - 6{,}475 \cdot 2 + 33{,}81 - 27{,}16$ _ _ □̲ _ _ _

9) $8{,}67 + 17{,}3 \cdot 2{,}1 - 2{,}5 \cdot 12{,}8$ _ □̲ _ _ _ _ _ _

10) $20{,}27 + 8{,}1 \cdot 2{,}7 - 2{,}1 \cdot 3{,}4 + 10 : 2$ _ _ _ □̲ _ _ _

11) $2 \cdot 27{,}66 - 4{,}5 \cdot 3 - 16{,}4 : 2 \cdot 5{,}1 + 8$ □̲ _ _ _

12) $32{,}8 \cdot 3 - 17{,}853 \cdot 0 - 47{,}7 : 0{,}5$ □̲ _ _ _

Die gekennzeichneten Buchstaben ergeben in der richtigen Reihenfolge das
Lösungswort. Dieses Lösungswort kennzeichnet deine Leistung.

147. Schreibe die Ergebnisse mit Worten! (ö = oe; ü = ue; ß = ein Buchstabe).

1) $0{,}75 \cdot 1{,}\overline{3} + 4{,}5 \cdot 4$

2) $8{,}25 + 3 \cdot (6{,}7 + 3{,}3) : 7{,}5 - 0{,}25$

3) das Doppelte vom Drittel von 25,5

4) $(12{,}5 + 6{,}25 \cdot 2) : 0{,}5$

5) Zehnerpotenz mit der Hochzahl 3

6) das neutrale Element der Multiplikation

7) die zwölfte Primzahl

8) $2 \cdot (8{,}5 - 2 \cdot 2) - 1 : 0{,}5$

9) $[3 \cdot (2{,}5 + 7)] : 2 - 0{,}125 : 0{,}5 + 21{,}5 \cdot 4$

Bei richtiger Lösung ergeben die gekennzeichneten Buchstaben in der richtigen Reihenfolge eine Quadratzahl!

Lösungswort:

148. Wer erklimmt die Treppe am schnellsten?

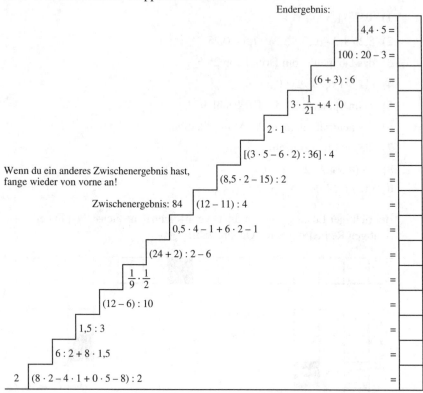

Endergebnis:

$4,4 \cdot 5 =$

$100 : 20 - 3 =$

$(6 + 3) : 6 \qquad =$

$3 \cdot \dfrac{1}{21} + 4 \cdot 0 \qquad =$

$2 \cdot 1 \qquad =$

$[(3 \cdot 5 - 6 \cdot 2) : 36] \cdot 4 \qquad =$

Wenn du ein anderes Zwischenergebnis hast, fange wieder von vorne an!

$(8,5 \cdot 2 - 15) : 2 \qquad =$

Zwischenergebnis: 84 $\quad (12 - 11) : 4 \qquad =$

$0,5 \cdot 4 - 1 + 6 \cdot 2 - 1 \qquad =$

$(24 + 2) : 2 - 6 \qquad =$

$\dfrac{1}{9} \cdot \dfrac{1}{2} \qquad =$

$(12 - 6) : 10 \qquad =$

$1,5 : 3 \qquad =$

$6 : 2 + 8 \cdot 1,5 \qquad =$

$2 \quad (8 \cdot 2 - 4 \cdot 1 + 0 \cdot 5 - 8) : 2 \qquad =$

⇑

Spielregel:
Berechne zuerst den Term, der „hinter" der Stufe steht. Notiere dann **hier** den zugehörigen Termwert. Diesen Wert multiplizierst du mit der Zahl vor der Stufe und schreibst das Ergebnis auf die nächsthöhere Stufe, usw.

149. Schreibe die Ergebnisse der 12 Aufgaben mit Worten! (ö = oe; ü = ue)

1) $\dfrac{2}{3}$ von 12

2) die Hälfte von $\left[3 \cdot (6,2 + 1,8) - \dfrac{3}{2} \cdot \dfrac{8}{3} \right]$

3) der 7. Teil von $4^2 \cdot 17,5$

4) $\dfrac{3}{4} \cdot \dfrac{2}{3} \cdot \dfrac{48}{6}$

5) ein Dutzend

6) $\dfrac{1}{3} : \dfrac{1}{9}$

7) das Doppelte von $1,625 \cdot 4$

8) $\dfrac{1}{8} \cdot (6^2 - 4^2) \cdot 2^3$

9) $1,5 \cdot (16 + 1,5 \cdot 16)$

10) $3 \cdot (1,65 + 2 \cdot 1,175)$

11) $3,5 + 15,5 \cdot 3$

12) der 6. Teil von $1,2 \cdot \dfrac{5}{3}$

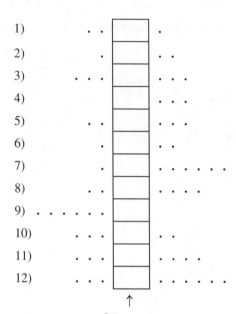

↑
Lösungswort

150. Ersetze die Platzhalter durch Terme, so dass wahre Aussagen entstehen!
Gleiche Platzhalter in einer Aufgabe bedeuten auch gleiche Terme!

a) $3,8 \cdot 5 - \square \cdot 2,4 = 10,6$

b) $\square \cdot \square + 1,3 \cdot 10,5 = 19,9$

c) $1,1 + 1,5 \cdot 1,3 - 2,5 \cdot 2,4 + \bigcirc \cdot \bigcirc \cdot \bigcirc = 5,05$

d) $1,3 + 0,9 \cdot 4 \cdot 8,9 - \square \cdot \square = 31,9$

e) $0,88 : 2 + 1,5 \cdot \bighexagon - 0,28 \cdot 3 = 1,55$

f) $6,8 - 1,2 \cdot 3,2 \cdot 0,5 + 0,95 : \dfrac{1}{4} = \square \cdot \square \cdot 2,17$

g) $100,88 - \square \cdot 1,67 + 4,45 : 0,5 = 104,436$

h) $67,33 - 1,985 : \dfrac{1}{8} - \bighexagon \cdot 2,8 = 41,65$

i) $\boxed{} - 8{,}12 \cdot 3{,}4 \cdot 11{,}9 = 71{,}9448$

k) $\boxed{} \cdot 12{,}44 - 3 \cdot \boxed{} \cdot 4{,}06 + \boxed{} \cdot 99{,}15 \cdot 1{,}56 = 309{,}868$

151. Ersetze die Platzhalter durch Terme, so dass wahre Aussagen entstehen!

a) $\boxed{\frac{3}{4}} + \left(\boxed{\frac{1}{2}} - \boxed{\frac{3}{4}} \right) - \left(\boxed{\frac{2}{3}} - \boxed{\frac{1}{2}} \right) = \boxed{}$

b) $\boxed{1{,}7} - \boxed{2{,}6} - \left(\boxed{1{,}2} - \boxed{0{,}5} - \boxed{} \right) = \boxed{6{,}6}$

c) $\boxed{1\frac{1}{2}} - \left(\boxed{\frac{2}{5}} + \boxed{} - \boxed{\frac{7}{2}} \right) - \boxed{3\frac{1}{3}} = \boxed{\frac{3}{5}}$

152. Ersetze die Platzhalter durch Terme, so dass wahre Aussagen entstehen!

a) $\boxed{-\frac{3}{4}} + \left(\boxed{\frac{1}{2}} - \boxed{\frac{2}{3}} \right) - \left(\boxed{\frac{1}{6}} - \boxed{\frac{2}{3}} \right) = \boxed{}$

b) $\boxed{3{,}7} - \left(\boxed{2{,}8} \cdot \boxed{2} - \boxed{} \right) - \boxed{1{,}9} = \boxed{-8{,}5}$

c) $\boxed{2\frac{1}{2}} - \left(\boxed{-\frac{1}{4}} - \boxed{\frac{3}{2}} + \boxed{\frac{5}{8}} \right) - \boxed{} = \boxed{\frac{45}{8}}$

153. Gleiche Platzhalter in einer Aufgabe bedeuten auch gleiche Zahlen!

a) $\dfrac{3}{4} \cdot \boxed{} = 1$

b) $\dfrac{7}{11} + \boxed{} = 2$

c) $\boxed{} \cdot \boxed{} = \dfrac{4}{225}$

d) $\dfrac{123}{11} - \boxed{} = 1$

e) $\dfrac{1}{2} + \boxed{} = \dfrac{11}{4}$

f) $\dfrac{11}{6} - \boxed{} = \dfrac{1}{3}$

g) $\dfrac{3}{\boxed{}} + \dfrac{5}{\boxed{}} = 2$

h) $\dfrac{7}{5} : \dfrac{14}{\boxed{}} = 1$

i) $\dfrac{\boxed{}}{7} - \dfrac{\boxed{}}{14} = \dfrac{5}{14}$

k) $\dfrac{4}{\boxed{}} : \dfrac{\boxed{}}{2} = \dfrac{8}{9}$

l) $\dfrac{\frac{1}{2}+\Box}{\frac{5}{6}} = 1$

m) $\dfrac{\frac{4}{3}+\Box}{6} = \dfrac{11}{36}$

154. Berechne nach der angegebenen Vorschrift!

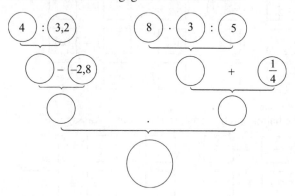

155. Berechne nach der angegebenen Vorschrift!

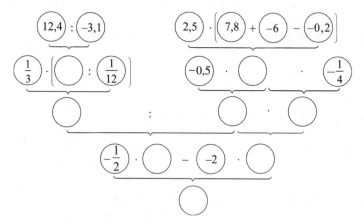

156. a) Schreibe die Ergebnisse der 10 Aufgaben mit Worten in die vorgesehenen Kästchen!

1) kgV von 2, 4, 5, 8

2) $\dfrac{2}{3}$ von 13,5

3) das Zwölffache von $166\dfrac{2}{3}$

4) $5^3 - 2,4 \cdot 5 - 4^2 - \dfrac{28}{3} \cdot \dfrac{3}{4}$

5) $\left[2,5 \cdot 8 - \left(\dfrac{1}{2} \cdot 6,5 + 3,1\right)\right] : 3 - 0,55$

6) 10^6

7) der 261. Teil von 5 220

8) das Fünffache ist um 3 größer als 27

9) zweitgrößte Primzahl zwischen 10 und 20

10) das Doppelte des Quotienten aus $\dfrac{7}{12}$ und $\dfrac{7}{48}$

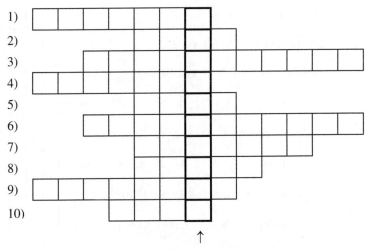

Lösungswort

b) In welchen Zeilen bzw. Spalten hat die Summe den Wert 0?
In welchen Zeilen bzw. Spalten hat das Produkt den Wert 0?
In welchen Zeilen bzw. Spalten hat das Produkt den Wert 1?

$-\dfrac{1}{3}$	$\dfrac{1}{4}$	$-\dfrac{3}{4}$	$2\dfrac{1}{2}$	$\dfrac{5}{8}$	$-\dfrac{3}{4}$
$-1\dfrac{1}{2}$	$\dfrac{2}{8}$	$\dfrac{5}{4}$	$-1\dfrac{1}{4}$	$\dfrac{3}{2}$	$-\dfrac{1}{4}$
$\dfrac{4}{3}$	$\dfrac{2}{5}$	$\dfrac{7}{4}$	$-\dfrac{1}{2}$	$-\dfrac{3}{7}$	$-\dfrac{1}{3}$
$\dfrac{1}{2}$	$-1\dfrac{1}{2}$	$\dfrac{4}{3}$	$\dfrac{4}{5}$	$\dfrac{16}{10}$	0
$\dfrac{2}{5}$	$\dfrac{4}{5}$	$-\dfrac{1}{3}$	$\dfrac{1}{2}$	$-\dfrac{4}{6}$	$-\dfrac{5}{8}$
$\dfrac{1}{8}$	$-\dfrac{3}{7}$	$-\dfrac{3}{8}$	$\dfrac{3}{4}$	$\dfrac{21}{9}$	$\dfrac{1}{5}$

157. Schreibe die Ergebnisse der einzelnen Aufgaben an die vorgegebene Stelle und bilde dann die Summe!

1) $24{,}51 - 17{,}8 + 3{,}4 - 5{,}28$

2) $11{,}11 + 8{,}17 - 0{,}58 - 3{,}8$

3) $2{,}5 \cdot (8 - 3{,}8) - 0{,}5 \cdot 6{,}1 + 8{,}2 \cdot 3$

4) $-3{,}8 \cdot (-6{,}2) + 3{,}1 \cdot (-4{,}5) - 19{,}8 : 3$

5) $227 \cdot 3{,}8 - 1{,}2 \cdot (-3{,}5) - 0{,}88 \cdot 2$

6) $1\,004 : 8 - 66{,}66 \cdot 6 + 116{,}2 \cdot (7 - 4{,}8) + 18{,}84$

7) $2 \cdot 7{,}3 \cdot (-5) \cdot (-\dfrac{1}{2}) \cdot 3 - 2 \cdot (-2{,}5) \cdot 8{,}3 - 3 \cdot 0{,}08$

8) $12{,}24 : 4 - 0{,}05 \cdot 100{,}1 + 1{,}6 \cdot 3{,}8 + 0{,}015$

9) $0{,}005 \cdot 3\,480 - 2 \cdot (8{,}61 - 3{,}97) + 1{,}65 \cdot 3$

10) $[17{,}8 \cdot (8{,}09 - 3{,}09 + 0{,}5) - 3{,}8 \cdot 2{,}7] : 2$

Bei richtiger Rechnung muss die Summe der Ergebnisse diesen Wert ergeben:

$\underline{1 \quad 1 \quad 3 \quad 1 \quad , \quad 6 \quad 5}$

			,		3
	1		,		
		2	,		
			,		1
		5	,		
			,		2
			,	7	
		4	,		
	1		,		
			,	8	

158. Die Ergebnisse eines „Kästchens" stehen in einem „Kreis".
Überprüfe, welche Zahlen und Buchstaben zusammengehören!

1	$-2 \cdot 3 + 4,5 \cdot (-8)$	2	$\frac{1}{2} - \frac{1}{3} - \frac{1}{4}$
3	$2 \cdot (-6) : \left(-\frac{3}{4}\right)$	4	$3,8 + 0,2 \cdot (-10)$
5	$-\frac{3}{4} : \frac{9}{4} - \frac{1}{2}$	6	$100,88 : (-25,22) - 1$
7	$-17,5 : (-3,5) - \frac{5}{2}$	8	$\frac{1}{2} + \frac{1}{3} + \frac{1}{4}$
9	$-(-1,5) \cdot (-1,5) - 1,5$	10	$-\frac{3}{4} : \left(-\frac{1}{2}\right) \cdot 0 \cdot \frac{5}{6}$
11	$0,\overline{3} \cdot 3 + 0,\overline{6} \cdot \frac{3}{2}$	12	$\frac{2}{3} \cdot \left(-\frac{2}{3}\right) \cdot \frac{2}{3} - \frac{19}{27}$
13	$17,23 : 0 - 8 \cdot (-2)$	14	$\frac{5}{8} \cdot (-16) - \frac{1}{2}$
15	$\frac{3}{5} : \frac{1}{2} - \left(-\frac{1}{2}\right) \cdot 6$		

A $\left(16\right)$ B $\left(-\frac{5}{6}\right)$ C $\left(\frac{13}{12}\right)$ D $\left(-1\right)$ E $\left(0\right)$

F $\left(2\right)$ G $\left(-5\right)$ H $\left(\{\ \}\right)$ J $\left(-42\right)$ K $\left(-10,5\right)$

L $\left(\frac{5}{2}\right)$ M $\left(4,2\right)$ N $\left(-3,75\right)$ O $\left(1,8\right)$ P $\left(-\frac{1}{12}\right)$

Den Zahlen sind folgende Buchstaben zugeordnet:

1 →	2 →	3 →	4 →	5 →
6 →	7 →	8 →	9 →	10 →
11 →	12 →	13 →	14 →	15 →

159. Es stimmen jeweils die Werte zweier Kästchen überein. Schreibe die Nummern der Kästchen hintereinander und trage sie in die nachfolgende Additionsspalte ein! Die kleinere der beiden Nummern muss an erster Stelle stehen.

1 $17{,}8$	**2** $\frac{1}{2}+\frac{1}{3}$	**3** -3^3	**4** -16	**5** 0
6 $-3 \cdot 4{,}2$	**7** $(-2)^4$	**8** $\frac{15{,}2}{0}$	**9** 8	**10** $0{,}125$
11 -2^4	**12** $\frac{1}{4}:\frac{1}{8}$	**13** $\frac{4{,}3}{4{,}3}$	**14** $|-7|$	**15** 16
16 $\frac{2}{3}$	**17** $\frac{2}{3}\cdot\frac{9}{10}$	**18** $6\cdot(-2{,}1)$	**19** $\frac{14}{99}$	**20** $\frac{5}{6}$
21 $0{,}\overline{14}$	**22** $0{,}\overline{3}$	**23** $4\cdot4{,}45$	**24** $\left(\frac{1}{2}\right)^2$	**25** $\frac{3}{5}$
26 $\frac{1}{8}$	**27** $\{\ \}$	**28** -9	**29** 1	**30** $\frac{1}{3}$
31 $16:\frac{1}{2}$	**32** 2	**33** $-|-3^2|$	**34** $\frac{7}{3}\cdot0$	**35** 32
36 $\frac{1}{4}$	**37** 7	**38** -27	**39** $0{,}\overline{6}$	**40** 2^3

T	H	Z	E

2	5	6	6	9

↑

Wenn du richtig gerechnet hast, musst du dieses Ergebnis erhalten!

160. Mache zuerst einen Ansatz und berechne dann:

a) Subtrahiere vom Produkt der Zahlen $1\frac{1}{3}$ und $1\frac{7}{8}$ die Differenz der Zahlen $3\frac{1}{2}$ und $1\frac{3}{4}$!

b) Dividiere die doppelte Summe von $3\frac{1}{2}$ und $\frac{3}{8}$ durch 1,25!

c) Vermehre die halbe Differenz der Zahlen $2\frac{1}{2}$ und 4 um die Summe dieser Zahlen!

d) Subtrahiere das Produkt der Zahlen 3,8 und $\frac{1}{4}$ von der Summe der Zahlen $0,\overline{4}$ und (-3)!

161. Bei einer Klassensprecherwahl erhielten Hans $\frac{2}{3}$, Susanne $\frac{1}{4}$ und Georg den Rest, nämlich 3 Stimmen.

a) Welchen Bruchteil der Stimmen erhielt Georg?

b) Wieviel Stimmen wurden insgesamt abgegeben?

c) Wieviele Stimmen bekamen Hans und Susanne?

162. Ein Pfahl steckt 75 cm in der Erde. Das sind $\frac{2}{5}$ seiner Gesamtlänge. Wie lang ist der Pfahl?

163. Welcher Wert ist größer: $\frac{3}{4}$ von $\frac{3}{8}$ oder $\frac{1}{5}$ von $\frac{4}{7}$?

164. In einem Behälter sind viele kleine Bälle. Nimm von diesen Bällen den vierten Teil und davon wieder ein Viertel und davon noch einmal ein Viertel, dann hast du 3 Bälle.
Wieviele Bälle sind in dem Behälter?

165. Auf einem großen Parkplatz stehen PKW's, Busse, LKW's und Motorräder. $\frac{3}{4}$ der Fahrzeuge sind PKW's, $\frac{1}{8}$ sind Busse, $\frac{1}{16}$ sind LKW's und Motorräder sind es genau 25.

a) Welchen Anteil haben die Motorräder?

b) Wieviele Fahrzeuge stehen insgesamt auf dem Parkplatz?

c) Gib die Anzahl der PKW's, Busse und LKW's an!

166. Vier Freunde teilen sich entsprechend ihrer Anteile einen Lotteriegewinn von 42 000,00 DM.

Kurt erhält $\frac{1}{3}$, Hans erhält $\frac{1}{4}$, Willi erhält $\frac{1}{5}$ des Gewinns und Peter erhält den Rest.

a) Welchen Anteil erhält Peter?

b) Welchen Betrag erhält jeder?

c) Berechne die einzelnen Gewinne in US-Dollar, wenn der aktuelle Umrechnungskurs (Stand April 1995) 1 Dollar = 1,38 DM beträgt! Runde die Ergebnisse auf 2 Stellen nach dem Komma!

167. Karin gibt $\frac{2}{5}$ ihres Taschengeldes zum Kauf von Büchern aus, das sind 14,40 DM. Ein Viertel ihres Taschengeldes spart sie.

a) Wieviel Taschengeld erhält Karin?

b) Welchen Betrag spart sie?

c) Welcher Betrag bleibt ihr dann noch übrig?

168. Eine Wand von 8,40 m Länge und 2,50 m Höhe soll tapeziert werden. $\frac{2}{15}$ der Fläche sind Fenster.

a) Wieviele Quadratmeter müssen tapeziert werden?

b) Welche Kosten entstehen, wenn 1 m^2 Tapete 5,50 DM kostet und zusätzlich für Tapetenkleister $\frac{1}{12}$ des Tapetenpreises ausgegeben werden muss.

169. Eine Terrasse von 10,60 m Länge und 8,40 m Breite soll mit Fliesen der Größe 20 cm · 20 cm ausgelegt werden.

a) Wieviele Fliesen werden benötigt?

b) Berechne die Gesamtkosten, wenn eine Fliese 0,95 DM kostet, für Arbeitslohn pro m² 42,00 DM bezahlt werden muss!

c) Welchen Betrag muss man insgesamt ausgeben, wenn man durch Eigenleistung $\frac{1}{12}$ des Arbeitslohnes einspart?

170. In einer Mathematikschulaufgabe erhielten $\frac{1}{15}$ der Schüler die Note 1, $\frac{1}{3}$ die Note 2, $\frac{3}{15}$ die Note 3, $\frac{1}{6}$ die Note 4, $\frac{1}{10}$ die Note 5, 4 Schüler erhielten die Note 6.

a) Berechne den Schüleranteil mit der Note 6!

b) Wieviele Schüler sind in der Klasse?

c) Wieviele Schüler erhielten die einzelnen Noten 1 bis 5?

d) Berechne den Notendurchschnitt!

Intervalle

Notenskala bei einer Mathematik-Schulaufgabe:

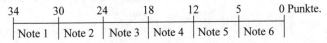

Im Duden findest du zum Begriff Intervalle: „Zeitabstand, Zeitspanne, Zwischenraum; Frist; Abstand [zwischen zwei Tönen]".
Was bedeutet der Begriff in der Mathematik?

1. Mengenschreibweise – Intervallschreibweise

In der Mathematik bezeichnet man einen Bereich auf der Zahlengeraden, der von zwei Zahlen begrenzt wird, als **Intervall**.
Besonders wichtig sind die „Randwerte", die zum Intervall bzw. nicht zum Intervall gehören.

Abgeschlossenes Intervall [a; b]	⇒	Die Randpunkte gehören zum Intervall (Kennzeichen: Intervallklammer in Richtung zur Lösungsmenge)
offenes Intervall]a; b[	⇒	Die Randpunkte gehören nicht zum Intervall (Kennzeichen: Intervallklammer in Gegenrichtung zur Lösungsmenge)

Man unterscheidet vier verschiedene Möglichkeiten:

Bezeichnung	Darstellung an der Zahlengeraden	Mengen-schreibweise	Intervall-schreibweise
Abgeschlossenes Intervall	$-2 \in I, 4 \in I$	$\{x \mid -2 \leq x \leq 4\}$	$[-2; 4]$
Rechtsoffenes Intervall	$-2 \in I, 4 \notin I$	$\{x \mid -2 \leq x < 4\}$	$[-2; 4[$
Linksoffenes Intervall	$-2 \notin I, 4 \in I$	$\{x \mid -2 < x \leq 4\}$	$]-2; 4]$
offenes Intervall	$-2 \notin I, 4 \notin I$	$\{x \mid -2 < x < 4\}$	$]-2; 4[$

Beispiele:

1. Schreibe die Lösungsmenge in der Intervallschreibweise:
   $\mathbb{L} = \{x \mid -3,5 < x \leq 6\} \cap \{x \mid -2,1 < x < 8,5\}$

   $\qquad$ $-3,5$ $\ -2,1$ $\qquad\qquad\qquad$ 6 $\quad$ $8,5$

   $\mathbb{L} = \,]{-2,1}; 6]$ $\qquad$ $-2,1 \notin I, 6 \in I$

2. Schreibe die Lösungsmenge in der Mengenschreibweise:
   $\mathbb{L} = [-4; 3] \cup [-2; 5[$

   $\qquad$ -4 $\ -2$ $\qquad\qquad$ 3 $\quad$ 5

   $\mathbb{L} = \{x \mid -4 \leq x < 5\}$ $\qquad$ $-4 \in I, 5 \notin I$

2. Aufgaben

171. Gib die Mengenschreibweise an und stelle auf der Zahlengeraden dar!

a) $[-4,2; 3,5[$

b) $]{-0,5}; 2,8[$

c) $[-2; 4,6]$

172. Gib die Intervallschreibweise an und stelle auf der Zahlengeraden dar!

a) $\{x \mid 2,5 \leq x \leq 5,2\}$

b) $\{x \mid -4,1 < x \leq 0,5\}$

c) $\{x \mid -1,5 < x < 1,5\}$

173. Gib in Intervall- und Mengenschreibweise an!

a) eine Zahl ist mindestens $-4,5$ und höchstens $3,6$,

b) Eine Zahl ist keiner als $5,4$ und mindestens $1,6$,

c) eine Zahl ist nicht kleiner als -4 und kleiner als $2,5$,

d) eine Zahl ist größer als $-0,5$ und nicht größer als $3,8$.

174. Schreibe für die gegebenen Grundmengen
$G_1 = \{x \mid -3 \leq x < 4,5\}$ $G_2 = \{x \mid -4 < x < 3,5\}$ $G_3 = \{x \mid -4,5 < x \leq 5\}$
in Intervall- und Mengenschreibweise:

a) $G_1 \cap G_2$ b) $G_1 \cap G_3$ c) $G_2 \cap G_3$

d) $G_1 \cup G_3$ e) $G_2 \cup G_3$ f) $G_2 \setminus G_1$

g) $G_3 \setminus G_2$ h) $(G_1 \cap G_2) \cap G_3$ i) $(G_2 \setminus G_1) \cap G_3$

175. Bestimme die Gesamtmenge in der angegebenen Schreibweise!

a) $[-1; 2,5] \cap [0; 3]$

b) $[-2,5; 4[\, \cap \,]-1,8; 5,2]$

c) $[-0,5; 4] \cup \,]1; 5]$

d) $]0; 3,5[\, \cup \,]-3; 2]$

e) $\{x \mid x \geq -1\} \cap \{x \mid x < 4\}$

f) $\{x \mid x > -2,5\} \cap \{x \mid x < 0,5\}$

g) $\{x \mid x < -2\} \cap \{x \mid x > 1,5\}$

h) $\{x \mid x < 5\} \cup \{x \mid x > 3\}$

i) $\{x \mid -2,5 < x \leq 6\} \cap \{x \mid x \leq 2,5\}$

k) $\{x \mid x > -1,5\} \cup \{x \mid -0,5 < x \leq 4,2\}$

Potenzen

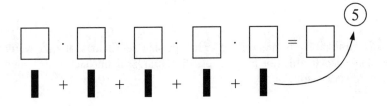

„Potenzieren" heißt „verstärken, erhöhen, steigern".
In der Mathematik bedeutet der Begriff „mit sich selbst vervielfältigen".

1. Definitionen, Grundbegriffe

Die Potenzschreibweise ist die abgekürzte Schreibweise für die Multiplikation
gleicher Faktoren, z. B.

$2 \cdot 2 \cdot 2 \cdot 2 \cdot 2 = 2^5$

multiplizieren $\rightarrow$ potenzieren

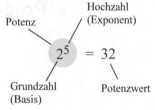

Die **Grundzahl** gibt an, welche Zahl mit sich selbst multipliziert werden
soll. Die **Hochzahl** gibt an, wie oft die Grundzahl mit sich selbst multipliziert werden soll.

2. Potenzgesetze

Nur Potenzen mit **gleicher Grund- und Hochzahl** können zusammengefasst
werden.

Beispiele:

1. $3x^2 + 8x^2 - 4x^2 = 7x^2$

2. $13a^3 + 2a^2 - 5a^2 - 7a^3 = 6a^3 - 3a^2$

3. $11a^4 - 3a^3$ lässt sich nicht zusammenfassen!

Potenzen mit gleichen Grundzahlen oder gleichen Hochzahlen können nach
folgenden Regeln multiplizert bzw. dividiert werden.

1. Potenzgesetz

$$a^m \cdot a^n = a^{m+n}$$

Beispiel:

$$4^2 \cdot 4^3 = 4^{2+3} = 4^5 = 1\,024$$

2. Potenzgesetz

$$a^m : a^n = a^{m-n}$$

Beispiel:

$$3^{12} : 3^8 = 3^{12-8} = 3^4 = 81$$

3. Potenzgesetz

$$a^n \cdot b^n = (a \cdot b)^n$$

Beispiel:

$$4^3 \cdot 2^3 = (4 \cdot 2)^3 = 8^3 = 512$$

4. Potenzgesetz

$$\frac{a^n}{b^n} = \left(\frac{a}{b}\right)^n$$

Beispiel:

$$\frac{5^2}{2^2} = \left(\frac{5}{2}\right)^2 = \frac{25}{4}$$

5. Potenzgesetz

$$(a^n)^m = a^{n \cdot m}$$

Beispiel:

$$(2^2)^4 = 2^{2 \cdot 4} = 2^8 = 256$$

3. Der Exponent Null

Jede Zahl mit dem Exponenten Null hat den Wert 1.

$$a^0 = 1$$

Beispiele:

   1. $(3 \cdot 2)^0 = 1$

   2. $\left(\dfrac{4x}{100 - x^2} \right)^0 \cdot 2^3 = 1 \cdot 2^3 = 8$

4. Negative Exponenten

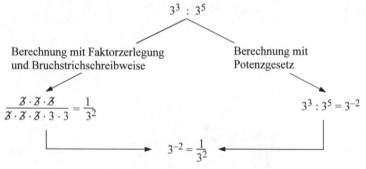

$$3^3 : 3^5$$

Berechnung mit Faktorzerlegung und Bruchstrichschreibweise

Berechnung mit Potenzgesetz

$$\frac{\cancel{3} \cdot \cancel{3} \cdot \cancel{3}}{\cancel{3} \cdot \cancel{3} \cdot \cancel{3} \cdot 3 \cdot 3} = \frac{1}{3^2}$$

$$3^3 : 3^5 = 3^{-2}$$

$$3^{-2} = \frac{1}{3^2}$$

Allgemein:

Eine Potenz mit negativer Hochzahl ist der Kehrwert der Potenz mit positiver Hochzahl.

$$a^{-n} = \frac{1}{a^n}$$

Beispiele:

   1. $2^{-4} = \dfrac{1}{2^4} = \dfrac{1}{16}$

   2. $2^{-8} \cdot 4^2 = \dfrac{1}{2^8} \cdot 4^2 = \dfrac{4^2}{2^8} = \dfrac{16}{256} = \dfrac{1}{16}$

5. Zehnerpotenzen

Potenzen mit der Grundzahl 10 heißen Zehnerpotenzen. Sie sind die Stufenzahlen unseres Dezimalsystems.
Die Schreibweise 10^5 bedeutet als Zahl eine „Eins" mit 5 Nullen!

$$10^5 = 100\,000$$

Beispiele:

1. $3\,000\,000\,000 = 3 \cdot 1\,000\,000\,000 = 3 \cdot 10^9$

    9 Stellen

2. $0{,}000071 = \dfrac{71}{1\,000\,000} = \dfrac{71}{10^6} = 71 \cdot 10^{-6}$

    6 Stellen

3. $0{,}0004 \cdot 8\,000\,000 = 4 \cdot 10^{-4} \cdot 8 \cdot 10^6$
    $= 4 \cdot 8 \cdot 10^{-4} \cdot 10^6$
    $= 32 \cdot 10^2$
    $= 3\,200$

Merke:
Komma n Stellen nach links $\Rightarrow$ Hochzahl + n
Komma n Stellen nach rechts $\Rightarrow$ Hochzahl − n

6. Quadrat- und Kubikzahlen

Quadrat

4 cm

4 cm

Würfel

4 cm

4 cm

4 cm

Fläche A = 4 cm · 4 cm = 4^2 cm²

Fläche eines Quadrats

$$A = a^2$$

⇓

Potenzen mit dem
Exponenten 2 nennt man
Quadratzahlen

Volumen V = 4 cm · 4 cm · 4 cm = 4^3 cm³

Volumen eines Würfels

$$V = a^3$$

⇓

Potenzen mit dem
Expotenten 3 nennt man
Kubikzahlen

Beispiele:

1. Berechne das Volumen eines Würfels mit der Kantenlänge a = 5 cm.
   Formel:

   $V = a^3$

   $V = 5^3 \, cm^3$

   $V = 125 \, cm^3$

2. Ein Quadrat hat die Fläche A = 121 cm².
   Berechne die Seitenlänge!
   Formel:

   $A = a^2$

   $121 cm^2 = a^2$

   ⇒ a = 11 cm, weil $11^2 = 121$

7. Aufgaben

176. Fasse zusammen!

a) $4x^3 - 2y^2 + 6x^3 + y^2$

b) $-4a^2 + 6ay - 12ay + 9a^2$

c) $\dfrac{1}{2}x^2 - \dfrac{1}{4}y^2 + \dfrac{2}{3}x^2 + \dfrac{3}{5}y^2$

d) $a^2 - ab + 3b^2 + 2ab - 4b^2 - 6a^2$

e) $2x^2y - 3xy^2 + 4xy^2 - 5x^2y$

177. Multipliziere bzw. dividiere. Berechne anschließend den Termwert oder fasse zusammen!

a) $2^3 \cdot 2^5$ b) $3^4 : 3$

c) $4^7 : 4^5$ d) $5^6 : 5^3$

e) $3^2 \cdot 3$ f) $(2^4 \cdot 2) : 2^3$

g) $4a \cdot 2a^2 + 6a^2 \cdot (-3a)$ h) $6x^3 : (2x^2) - 4x^5 : (2x^4)$

i) $\dfrac{1}{2}x^2 \cdot \dfrac{2}{3}x + \dfrac{4}{3}x^4 : \left(\dfrac{1}{2}x\right)$ k) $2a^3 \cdot 4a^2 - 5a \cdot 3a^4 + 12a^{17} : (4a^{12})$

l) $-\dfrac{1}{2}(a^5)^4 + \dfrac{2}{3}(a^2)^{10}$ m) $2(x^4)^3 - 3(x^2)^6$

n) $(2x^2)^3 - (4x^3)^2$ o) $\left(\dfrac{1}{2}x^3\right)^4 + \left(\dfrac{1}{4}x^6\right)^2$

178. Multipliziere und dividiere!

a) $\dfrac{2a^2 \cdot 3ab^2 \cdot 4ab^3}{6ab^2 \cdot 2a^2b}$ b) $\dfrac{(2x)^2 \cdot (3y)^2 \cdot 4x^2y^2}{(5x)^3 \cdot (2y)^2}$

c) $\dfrac{(-3x^3)^2 \cdot (-2y^2)^3 \cdot 4x^2y}{6x \cdot 2y^2}$ d) $\dfrac{(-2a)^3 \cdot (2a)^2 \cdot (3ab^4)^2}{4a^2 \cdot (b^2)^3}$

e) $\dfrac{2a^2 \cdot 3ab^2 \cdot 4ab}{5a^4b^2 \cdot 3b}$

179. Berechne den Wert der folgenden Potenzen!

a) 5^{-2}

b) 2^{-3}

c) 4^{-1}

d) 7^0

e) $2^{-2} \cdot 3^{-2}$

f) $5^{-1} \cdot 2^{-3}$

g) $2^{-3} \cdot 3^{-2} \cdot 4^2$

h) $\left(\dfrac{2}{3}\right)^{-2}$

i) $\left(\dfrac{5}{7}\right)^{-1}$

k) $2^{-3} \cdot \left(\dfrac{2}{3}\right)^4$

l) $\left(\dfrac{3}{4}\right)^{-1} \cdot \left(\dfrac{2}{5}\right)^{-2} \cdot \left(\dfrac{1}{3}\right)^{-3}$

m) $\left(\dfrac{2}{3}\right)^{-3} \cdot \left(\dfrac{3}{4}\right)^{-2} : \left(\dfrac{9}{2}\right)^{-1}$

180. Schreibe als Zehnerpotenz!

a) 1 000 000

b) 100

c) 30 000

d) 0,0001

e) 0,02

f) 0,000005

g) 261 000

h) 14 300

i) 72 000 000

k) 0,0024

l) 0,000013

m) 0,000526

n) 50 000 000 · 0,0003

o) 0,002 · 0,0004 · 0,05

181. Berechne den Flächeninhalt des Quadrates mit der Seitenlänge a für

a) a = 4 cm

b) a = 2,5 cm

c) a = 1,2 cm

d) $a = \dfrac{3}{4}$ cm

e) a = 0,6 cm

f) a = 0,05 cm

182. Berechne das Volumen des Würfels mit der Kantenlänge a für

a) $a = 5$ cm

b) $a = 10$ cm

c) $a = 15$ cm

d) $a = 2,4$ cm

e) $a = 0,2$ cm

f) $a = \dfrac{3}{2}$ cm

183. Von einem Quadrat ist der Flächeninhalt bekannt.
Berechne die Seitenlänge a für

a) $A = 81$ cm^2

b) $A = 256$ cm^2

c) $A = 1,44$ cm^2

d) $A = 56,25$ cm^2

e) $A = 0,36$ cm^2

f) $A = \dfrac{81}{49}$ cm^2

184. Von einem Würfel ist das Volumen bekannt.
Berechne die Kantenlänge a für

a) $V = 27$ cm^3

b) $V = 125$ cm^3

c) $V = 1\,000$ cm^3

d) $V = \dfrac{27}{64}$ cm^3

e) $V = 0,008$ cm^3

f) $V = \dfrac{8}{125}$ cm^3

185. Vereinfache soweit wie möglich!

a) $(-2)^3 \cdot \left(-\dfrac{1}{2}\right)^2 - 2^3 : \left(\dfrac{1}{2}\right)^{-1}$

b) $4^{-2} \cdot (-4)^3 + \left(\dfrac{1}{2}\right)^{-4} : 2^2 - \left(\dfrac{1}{16}\right)^{-1} : 4^2$

c) $3 \cdot (3^2 - 2^3) + 4^3 : (2^6 - 2^5)$

d) $\left(\dfrac{1}{2}\right)^{-4} \cdot 2^{-3} + \left(\dfrac{3}{2}\right)^2 \cdot \left(-\dfrac{1}{2}\right)^{-3}$

e) $\left(\dfrac{1}{2}\right)^{-3} \cdot (2^4 - 2^0) - 2^{-3} \cdot (2^4 + 2^5)$

f) $(2,5)^2 + \left(\dfrac{2}{5}\right)^{-2} - \left(\dfrac{2}{3}\right)^{-1} \cdot 1,5 + (4,2^0 - 6,5^0) \cdot 3,5$

g) $\left[5^2 - \left(\dfrac{1}{5}\right)^{-3} : (-12 + 37) + 5^{-2} \cdot 50 \right] \cdot [(-4) \cdot 6,25 + 15 \cdot 5^0]$

186. Jetzt kannst du beweisen, dass du ein guter Potenzrechner bist!
Berechne die Potenzterme und schreibe die Ergebnisse in die zugehörigen Kreise. Rechne nach Vorschrift weiter und notiere das Ergebnis im Sechseck. Fasse die Sechsecke nach Vorschrift zusammen!

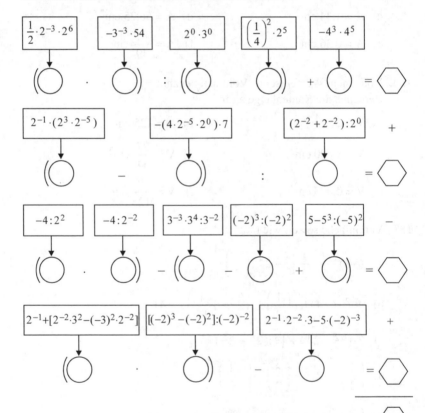

Bei richtiger Rechnung musst du dieses Ergebnis erhalten! ⟶ ⟨18⟩

187. Setze in die Platzhalter die richtigen Zahlen! Gleiche Platzhalter in einer Aufgabe bedeuten auch gleiche Zahlen!

a) $a^3 \cdot b^4 \cdot c \cdot b^{\bigcirc} \cdot c \cdot a^{\lozenge} \cdot b^3 \cdot c^2 = a^3 \cdot b^{16} \cdot c^{\square}$

b) $12 \cdot x \cdot y^3 \cdot z^4 \cdot 3 \cdot x^2 \cdot y^{\square} \cdot z^5 \cdot 2 \cdot x^3 \cdot y = \bigcirc \cdot x^{\triangle} \cdot y^7 \cdot z^{\lozenge}$

c) $(24 \cdot x^7 \cdot y^9 \cdot z^4) : (6 \cdot x \cdot y^{\lozenge} \cdot z^3) = \square \cdot x^{\bigcirc} \cdot y^2 \cdot z^{\triangle}$

d) $3 \cdot a^3 \cdot b^{\lozenge} \cdot \square \cdot a^4 \cdot b^3 \cdot 2 \cdot a \cdot b^{\lozenge} = -24 \cdot a^{\bigcirc} \cdot b^{-7}$

e) $(16 \cdot a^5 \cdot b^3 \cdot c^2) : (\bigcirc \cdot a^{11} \cdot b^{\square} \cdot c^{-1}) = 2 \cdot a^{\triangle} \cdot b^{-3} \cdot c^{\lozenge}$

f) $3 \cdot a^{\square} \cdot a^{\square} \cdot b^{\bigcirc} \cdot \lozenge \cdot b \cdot a \cdot c = 18 \cdot a^{-3} \cdot b^0 \cdot c$

g) $\square \cdot \square \cdot a^3 \cdot b^{\triangle} \cdot c^{\triangledown} \cdot 5 \cdot a^{\bigcirc} \cdot b^4 \cdot c^{-2} = 20 a^{-3} \cdot b^5 \cdot c^{-5}$

h) $(a^2 \cdot b)^3 \cdot 3 \cdot (b \cdot c^0)^2 \cdot 6 \cdot (a \cdot b^{-2} \cdot c)^3 = \square \cdot a^{\bigcirc} \cdot b^{\lozenge} \cdot c^{\triangle}$

i) $\dfrac{12 \cdot x^6 \cdot y^{\bigcirc} \cdot z^0}{\square \cdot x^{\bigcirc} \cdot y^{-3} \cdot z^{\triangle}} = \dfrac{3}{2} \cdot x^{11} \cdot y^0 \cdot z^4$

k) $\dfrac{18 \cdot a^{-3} \cdot b^2 \cdot c^{-5}}{-9 \cdot a^6 \cdot b^{-3} \cdot c^{-8}} = \square \cdot a^{\lozenge} \cdot b^{\bigcirc} \cdot c^{\triangle}$

Geometrische Punktmengen

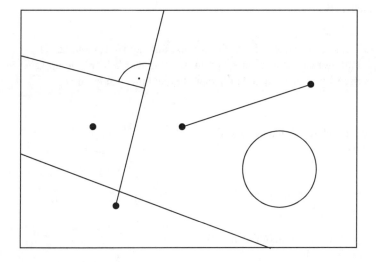

Geometrie bedeutet ursprünglich „Landmessung" und leitet sich ab von der Feldmesskunst der Ägypter und Babylonier.
Geometrie ist die Lehre von den Eigenschaften der Figuren.

1. Grundbegriffe:
Gerade, Strecke, Halbgerade, Halbebene

Das kleinste geometrische Element ist der **Punkt** (Punkte werden mit großen Buchstaben bezeichnet). Unendlich viele linienhaft aneinandergereihte Punkte ergeben eine Linie, bei geradlinigem Verlauf eine **Gerade** (Geraden werden mit kleinen Buchstaben gekennzeichnet).

Eine **Ebene IE** besteht aus unendlich vielen Punkten.
Deine Heftseite ist solch eine Zeichenebene IE. Für den Lehrer ist die Wandtafel die Zeichenebene.

> Eine **Gerade** besitzt keinen Anfangspunkt und keinen Endpunkt.
> Eine **Halbgerade** besitzt einen Anfangspunkt, aber keinen Endpunkt.
> Eine **Strecke** besitzt einen Anfangspunkt und einen Endpunkt.

Gerade g durch die Punkte A und B.
Schreibweise: g = AB

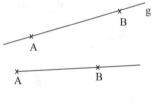

Halbgerade mit Anfangspunkt A.
Schreibweise: [AB

Strecke mit den Endpunkten A und B.
Schreibweise: [AB]

Hat die Strecke [AB] eine Länge von 3 cm, so schreibt man:
$\overline{AB}$ = 3 cm

Verlaufen mehrere Geraden durch einen gemeinsamen Punkt, so spricht man von einem **Geradenbüschel**. Den Schnittpunkt nennt man Büschelpunkt.

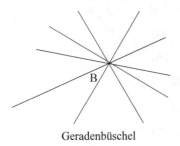

Geradenbüschel

Eine Gerade g teilt die Ebene $\mathbb{E}$ in zwei **Halbebenen** $\mathbb{H}_1$ und $\mathbb{H}_2$.
Gehört die Gerade g zur Halbebene, so ist diese Halbebene **abgeschlossen**, gehört sie nicht dazu, so ist diese Halbebene **offen**.

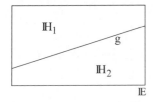

Auch in der Geometrie verwendet man die Zeichen aus der Mengenlehre:

$\in$	„Element von", „liegt in", „liegt auf"
$\notin$	„kein Element von", „liegt nicht in ..."
$\cap$	„geschnitten mit"
$\cup$	„vereinigt mit"
$\subset$	„echte Teilmenge von"
$\subseteq$	„Teilmenge von"
$\not\subset$	„keine Teilmenge von"

Beispiel:

$\mathbb{H}_1$ ist abgeschlossen, $\mathbb{H}_2$ ist offen. Entscheide mit wahr oder falsch:

a) $B \notin \mathbb{H}_1$ b) $A \in [AC$

c) $S \in \mathbb{H}_2$ d) $D \notin \mathbb{H}_1$

e) $H \in [GS$ f) $C \in [AE$

g) $[CF] \subset [AE$ h) $[SK \cap [SA = g$

i) $[AS \cup [KS = g$ k) $[AK] \subset [SK$

l) $\mathbb{H}_1 \cap \mathbb{H}_2 = \{ \ \}$ m) $[AC \not\subset [FE$

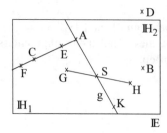

Lösung:

a) w	b) w	c) f
d) w	e) w	f) w
g) w	h) f	i) w
k) f	l) w	m) w

2. Senkrechte und parallele Geraden

Zwei Geraden g und h können besondere Lagen zueinander haben:

Sie stehen aufeinander **senkrecht**	Sie sind zueinander **parallel**
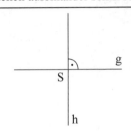	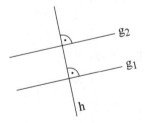
Schreibweise: $g \perp h$ $\perp$: „senkrecht"	Schreibweise: $g \parallel h$ $\parallel$: „parallel" Parallele Geraden haben keinen Schnittpunkt: $g \cap h = \{\ \}$

Definition:

Zwei Geraden g_1 und g_2 sind **zueinander parallel**, wenn sie beide auf einer dritten Geraden h senkrecht stehen.

$$g_1 \perp h \ \wedge \ g_2 \perp h \ \Leftrightarrow \ g_1 \parallel g_2$$

Sind mehrere Geraden zueinander parallel, so erhält man eine **Geradenschar**.

Geradenschar (Parallelenschar)
$g_1 \parallel g_2 \parallel g_3 \parallel g_4 \parallel g_5 \parallel g_6 \dots$

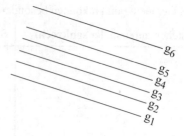

Zeichnet man durch einen Punkt $P \in g$
eine senkrechte Gerade h, so nennt
man diese Gerade **Senkrechte**.

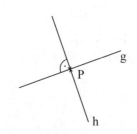

Eine Senkrechte wird „errichtet".

Zeichnet man durch einen Punkt $P \notin g$
eine senkrechte Gerade h, so nennt
man diese Gerade **Lot**.
S ist der **Fußpunkt** des Lotes.
[PS] nennt man **Lotstrecke**.

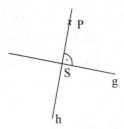

Ein Lot wird „gefällt".

Definition:

Die Länge der Lotstrecke [PS] heißt Abstand des Punktes P von der Geraden g. Der Abstand ist die kürzeste Entfernung eines Punkte $P \notin g$ zu den Punkten der Geraden g. Man schreibt: $d(P; g) = \overline{PS}$.

$g_1 \parallel g_2 \Leftrightarrow \overline{R_1 Q_1} = \overline{R_2 Q_2} = \overline{R_3 Q_3} = \ldots$

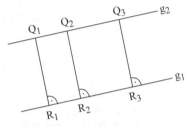

Zwei parallele Geraden haben überall den gleichen Abstand.

Beispiele:

1. Zeichne drei Geraden g_1, g_2, g_3, für die gilt:
   $g_1 \perp g_2, g_1 \cap g_2 = \{R\}, g_1 \cap g_3 = \{S\}, g_2 \cap g_3 = \{T\}$
   Krennzeichne mit verschiedenen Farben: $d(T; g_1)$; $d(S; g_2)$

   Lösung:

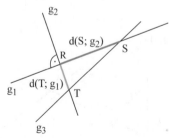

2. g_1, g_2, g_3 bilden eine Geradenschar. $A \in g_1$, $B \in g_3$, $C \in g_2$, $d(A; g_2) = 2$ cm, $d(C; g_3) = 1$ cm, $d(A; g_3) = 3$ cm. A, B, $C \in g_4$, g_4 ist nicht senkrecht zu g_1.

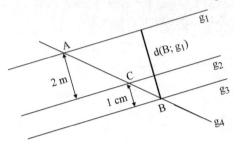

Konstruktion:

a) g_1, $A \in g_1$
b) g_4 beliebig durch A
c) Parallele g_2 im Abstand 2 cm $\cap g_4 = \{C\}$
d) Parallele g_3 im Abstand 1 cm $\cap g_4 = \{B\}$
$$\Rightarrow \quad d(B; g_1) = 3 \text{ cm}$$

3. Aufgaben

188. Fertige für a–d jeweils eine Zeichnung und gib die Kurzschreibweise an!

a) Die Geraden g und h schneiden sich im Punkt B.

b) Der Punkt A liegt auf g, aber nicht auf h.

c) Der Punkt C liegt auf h.

d) Die Gerade k verläuft durch A und C.

189. Entscheide mit wahr oder falsch! $I\!H_1$ ist offen, $I\!H_2$ ist abgeschlossen.

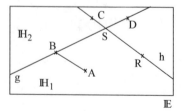

a) $g \cap h = \{S\}$

b) $[BA] \in I\!H_1$

c) $R \in I\!H_1$

d) $S \in \mathbb{H}_1$ e) $S \in \mathbb{H}_2$

f) $h \not\subset \mathbb{H}_2$ g) $[SB \cup [SD = g$

h) $[CS] \subset [RS$ i) $[SR \subset [CS$

k) $\mathbb{H}_1 \cap \mathbb{H}_2 = g$

190. $\overline{AB} = 6$ cm; P, Q, R, S $\in$ AB, T $\notin$ AB, P $\in$ [AB], R $\notin$ [AB], Q $\in$ [AB!

a) Zeichne AB und lege die Punkte A und B fest.

b) Zeichne P mit $\overline{AP} = 2$ cm.

c) Zeichne Q mit $\overline{AQ} = 7,5$ cm.

d) Zeichne R mit $\overline{AR} = 4$ cm.

e) Zeichne S mit $\overline{AS} = \overline{BS}$.

f) Zeichne zwei Punkte T mit $\overline{BT} = 2,5$ cm.

g) Gib folgende Streckenlängen an.
$\overline{AS}, \overline{BQ}, \overline{RB}, \overline{PB}, \overline{PQ}$

191.

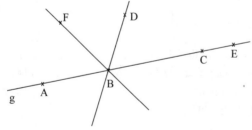

Setze für $\square$ eines der Zeichen $\in, \notin, \subset, \not\subset, = >, <$!

a) A $\square$ g   b) AB $\square$ g

c) [CE] $\square$ [AB   d) [BF] $\square$ [BD]

e) $\overline{AB}$ $\square$ $\overline{CE}$ f) AB $\square$ CE

g) D $\square$ g   h) [BC $\square$ [CE

i) [RA $\square$ CE   k) B $\square$ [EC

117

192. Ordne die Punkte A, B, C, D so an, dass die vier Geraden AC, BC, DC, EC ein Geradenbüschel bilden!

193. Ordne die Punkte A, B, C, D, E so an, dass die Geraden AE, BE, CE ein Geradenbüschel bilden und CD nicht zum Geradenbüschel gehört!

194. Ordne die Punkte A – G so an, dass zwei Geradenbüschel entstehen!
  1. Büschel: AB, DB, CB
  2. Büschel: BC, EC, FC, GC

195. Zeichne $\overline{AB} = 6$ cm und $\overline{CD} = 4$ cm mit E ∈ [AB] und E ∈ [CD], so dass gilt: $\overline{AE} = 3,5$ cm und $\overline{CE} = 1$ cm!

196. Nenne **alle** Geraden, Halbgeraden und Strecken, die **eindeutig** als solche zu erkennen sind!

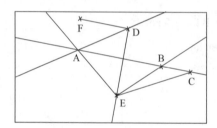

197. Zeichne die Punkte A, B, C, D, die folgende Lage zueinander haben:
  $\overline{AB} = 7$ cm, C ∈ AB mit $\overline{AC} = 2$ cm, [AD mit $\overline{AD} = 2,5$ cm und D ∉ AB.
  Wieviele Punkte C sind möglich?
  Wieviele Punkte D sind möglich?

198. Fertige für a und b jeweils eine Zeichnung und gib die Kurzschreibweise an!

  a) g_1 und g_2 sind parallel. Eine senkrechte Gerade g_3 schneidet g_1 in A und g_2 in B.

  b) g und h stehen senkrecht aufeinander und schneiden sich im Punkt C. Eine Geraden k verläuft durch A ∈ h und B ∈ g.

199. a) Fertige eine Zeichnung, so dass gilt:

$g_1 \parallel g_2$, $g_1 \perp g_3$, $g_1 \cap g_3 = \{A\}$, $g_4 \cap g_3 = \{B\}$, $g_4 \cap g_1 = \{C\}$,

$\{D\} = g_2 \cap g_4$

b) Entscheide mit wahr (w) oder falsch (f):

1) $d(D; g_1) = \overline{DC}$ 2) $g_3 \perp g_4$

3) $g_4 \parallel g_3$ 4) $C \in BD$

5) $g_2 \perp g_3$ 6) $d(A; g_2) < \overline{CD}$

200. a) Setze für □ eines der Zeichen =, ≠, ∥, ∦, ∈, ∉, ⊂

1) g_1 □ g_2

2) g_3 □ g_2

3) $d(P; g_1)$ □ $\overline{PS}$

4) $d(P; g_1)$ □ $\overline{PT}$

5) A □ $[PB$

6) g_3 □ g_4

7) $[TP]$ □ g_4

8) $[SP$ □ g_3

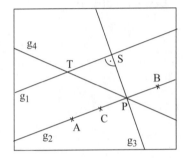

b) Entscheide mit wahr oder falsch:

1) g_2, g_3, g_4 bilden ein Geradenbüschel.

2) g_1 und g_2 bilden keine Geradenschar.

3) AC gehört zum Geradenbüschel.

4) $d(B; g_3) = \overline{BP}$

5) $d(T; g_2) = \overline{TP}$

6) $[PT \cap [PB \in g_2$

201. Fertige eine Zeichnung!

$g_1 \parallel g_2$, $A \in g_1$, $B \in g_2$, $d(A; g_2) = \overline{AB} = 3\,cm$, $g_3 \cap g_1 = \{A\}$,

$g_3 \cap g_2 = \{C\} \wedge \overline{BC} = 4\,cm$, $g_4 \perp g_1 \wedge C \in g_4$, $D \in g_3 \wedge \overline{AD} = 1,5\,cm \wedge$

$D \notin [AC]$.

Stelle durch Messung fest: $\overline{AC}$, $\overline{DC}$!

202. Fertige eine Zeichnung:

g_1, g_2, g_3, g_4, g_5 bilden ein Geradenbüschel.

g_3, g_6, g_7 bilden eine Geradenschar.

Wieviele Schnittpunkte gibt es insgesamt?

203. Fertige eine Zeichnung!

$\overline{AB} = 8$ cm, $g = AB$, D, E $\in$ AB mit $\overline{AE} = 2$ cm $\wedge$ E $\notin$ [AB] $\wedge$ $\overline{AD} = \overline{BD}$,

C $\notin$ g $\wedge$ DC $\perp$ EA $\wedge$ $\overline{CD} = 2,5$ cm, DC = h, AC = k.

Wieviele Punkte C sind möglich?

Bestimme d(E; h)!

Das Koordinatensystem

In einem Theater gibt es 5 Sitzreihen mit je 10 Plätzen.

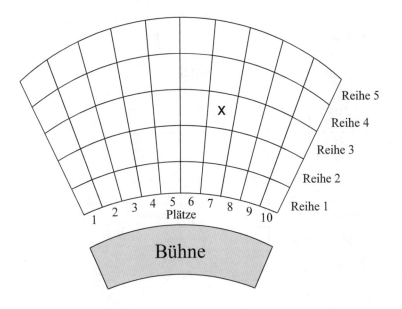

Wie lässt sich der gekennzeichnete Sitzplatz mit einem Zahlenpaar angeben?

1. Grundbegriffe

Die Lage eines Punktes im Koordinatensystem lässt sich eindeutig durch die Angabe zweier Zahlen, die **Koordinaten**, festlegen:

$$P \quad (x \mid y)$$

x-Wert	y-Wert
x-Koordinate	y-Koordinate
Abszisse	**Ordinate**

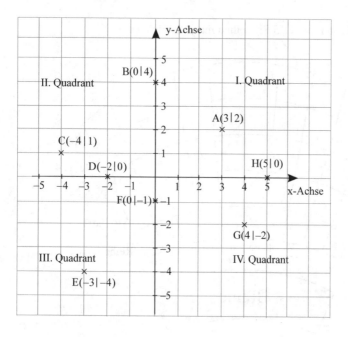

2. Aufgaben

204. Zeichne folgende Punkte in ein Koordinatensystem:
A(–4|5), B(–2|–6), C(0 |–3), D(4|0),
E(5|2), F(0|5), G(–2,5|3,5), H(–0,5|–4),
I(1,5|–0,5), K(2|–6), L(2,5|5,5)

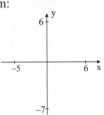

205. Gib die Koordinaten der Punkte an:

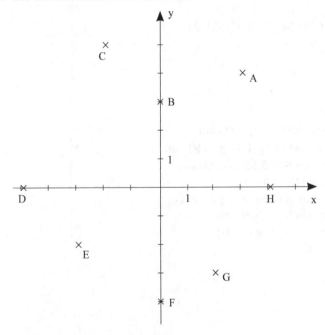

123

206. Zeichne folgende Punkte in ein Koordinatensystem. Wenn du die Punkte richtig eingezeichnet hast, ergibt sich – von links nach rechts gelesen – ein Lösungswort!

a) C(–1|–4), E(6 |4), H(0|5), L(3|3), S(–5|1), U(1|–3)

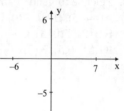

b) A_1(–4|2), A_2(3|–4), E(0|0), H(–1|–2), I(7|1), K(8|–3), M_1(–6|0), M_2(1|3), T_1(–3|–3), T_2(5|0)

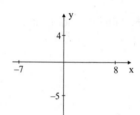

207. Zeichne die Geraden g_1 = PQ mit P(–5|–4,5) und Q(7|–1,5), g_2 = RS mit R(6|–3,5) und S(0|5,5), g_3 = TU mit T(1,5|5) und U(–3,5|–5). Bestimme aus der Zeichnung die Eckpunkte des Dreiecks ABC mit $g_1 \cap g_3$ = {A}, $g_1 \cap g_2$ = {B}, $g_2 \cap g_3$ = {C}

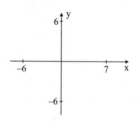

Winkel

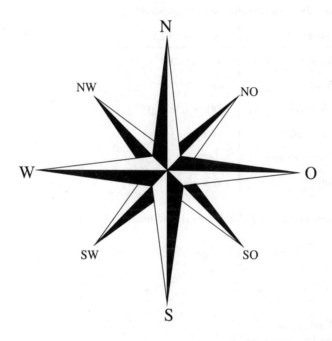

Im Wetterbericht kannst du folgende Vorhersage hören: „Der Wind dreht von Süd auf Südost".
Weißt du, um welchen Winkel sich der Wind gedreht hat?

1. Grundbegriffe: Winkelarten

> **Definition:**
> Zwei Geraden bilden einen Winkel miteinander, wenn sie durch Drehung um
> ihren Schnittpunkt ineinander übergeführt werden können.
> Der Schnittpunkt der beiden Geraden (Drehpunkt) heißt **Scheitel**, die Halb-
> geraden mit dem Scheitel als Anfangspunkt heißen **Schenkel**.

Man unterscheidet verschiedene Winkelarten:

Bezeichnung	Kennzeichen
spitzer Winkel	$0° < \alpha < 90°$
rechter Winkel	$\alpha = 90°$
stumpfer Winkel	$90° < \alpha < 180°$
gestreckter Winkel	$\alpha = 180°$
überstumpfer Winkel	$180° < \alpha < 360°$
Vollwinkel	$\alpha = 360°$

Es gibt verschiedene Möglichkeiten der Winkelbezeichnungen:

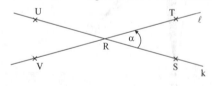

positive Drehrichtung
(gegen den Uhrzeigersinn)

$\alpha = \sphericalangle \, SRT$
$\alpha = \sphericalangle \, ([RS;[RT)$ $\Rightarrow$ S wird nach T gedreht
$\alpha = \sphericalangle \, (k;\ell)$ [RS wird nach [RT gedreht
k wird nach ℓ gedreht.

↑
muss an erster Stelle stehen (dort, wo die Drehung beginnt)

Beispiele:

1. Wieviel Grad muss man zu einem spitzen Winkel mindestens addieren, um einen überstumpfen Winkel zu erhalten? Ganzzahlige Gradwerte!
   Lösung:
   Größter spitzer Winkel: 89°, kleinster überstumpfer Winkel: 181°
   $\Rightarrow 181° - 89° = 92° \Rightarrow$ Man muss mindestens 92° addieren.

2. Entscheide mit wahr (w) oder falsch (f)! Gib bei „falsch" ein Rechenbeispiel an!
   a) Spitzer Winkel plus spitzer Winkel ergibt stets einen stumpfen Winkel.
   b) Vollwinkel minus stumpfer Winkel ergibt stets einen überstumpfen Winkel.
   Lösung:
   a) (f), denn z. B. 63° + 22° = 85° (spitzer Winkel)
   b) (w), denn 360° − 179° (ist der größte stumpfe Winkel) ergibt 181° (überstumpfer Winkel)

3. Beschreibe die Winkel α, β, γ, δ!
   a) mit Hilfe von 3 Punkten,
   b) mit Hilfe von 2 Halbgeraden.

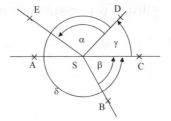

Lösung:

	a	b
α	∢DSE	∢([SD; [SE)
β	∢BSC	∢([SB; [SC)
γ	∢CSD	∢([SC; [SD)
δ	∢DSC	∢([SD; [SC)

2. Nebenwinkel und Scheitelwinkel

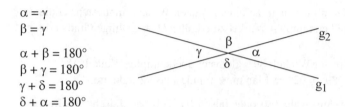

$\alpha = \gamma$

$\beta = \gamma$

$\alpha + \beta = 180°$

$\beta + \gamma = 180°$

$\gamma + \delta = 180°$

$\delta + \alpha = 180°$

Scheitelwinkel liegen sich an einer Geradenkreuzung gegenüber,
Nebenwinkel liegen an einer Geradenkreuzung nebeneinander.

Merke:
Scheitelwinkel sind gleich groß.
Nebenwinkel ergänzen sich stets zu 180°.

3. Winkel an geschnittenen Parallelen

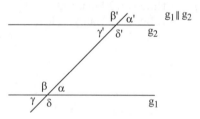

$\alpha = \alpha'$ $\alpha = \gamma'$

$\beta = \beta'$ $\beta = \delta'$

$\gamma = \gamma'$ $\gamma = \alpha'$

$\delta = \delta'$ $\delta = \beta'$

Stufenwinkel oder F-Winkel   **Wechselwinkel oder Z-Winkel**

Stufenwinkel- und Wechselwinkel haben das gleiche Maß.

Ein Wechselwinkel ist der Scheitelwinkel zum Stufenwinkel.

Beispiel:

Bestimme α!
Zuerst bestimmt man ε_1 (Stufenwinkel zu $112°$)
$\Rightarrow \varepsilon_1 = 112°$.
α = Nebenwinkel von ε_1
$\Rightarrow \alpha = 180° - 112° = 68°$

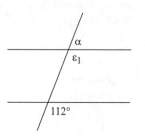

4. Winkel im Dreieck und Viereck

Innenwinkel

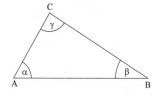

In jedem Dreieck beträgt die
Summe der Innenwinkel $180°$.

$$\alpha + \beta + \gamma = 180°$$

Außenwinkel

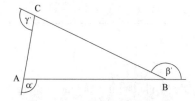

In jedem Dreieck beträgt die
Summe der Außenwinkel $360°$.

$$\alpha' + \beta' + \gamma' = 360°$$

Zusammenhang zwischen Innen- und Außenwinkeln:

Ein Innenwinkel und sein zugehöriger Außenwinkel ergänzen sich zu $180°$.

$\Rightarrow$ $\alpha + \alpha' = 180°$
$\beta + \beta' = 180°$
$\gamma + \gamma' = 180°$

Ein Außenwinkel ist so groß wie die Summe der beiden nicht anliegenden Innenwinkel.

$\Rightarrow$ $\alpha' = \beta + \gamma$
$\beta' = \alpha + \gamma$
$\gamma' = \alpha + \beta$

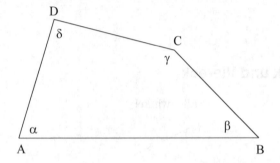

Die Winkelsumme in jedem Viereck beträgt 360°.
$\alpha + \beta + \gamma + \delta = 360°$

Beispiele:

1. In einem Dreieck gilt: $\alpha = 44{,}7°$, $\gamma = 79{,}4°$.
   Berechne alle anderen Innen- und Außenwinkel!

   $\beta = 180° - 44{,}7° - 79{,}4°$
   $\underline{\underline{\beta = 55{,}9°}}$ $\Rightarrow$ $\beta' = 180° - 55{,}9°$ $\alpha' = 180° - 44{,}7°$

   $\underline{\underline{\beta' = 124{,}1°}}$ $\underline{\underline{\alpha' = 135{,}3°}}$

   $\gamma' = 180° - 79{,}4°$ $\gamma' = \alpha + \beta$
   $\underline{\underline{\gamma' = 100{,}6°}}$ oder: $\gamma' = 44{,}7° + 55{,}9°$
   $\underline{\underline{\gamma' = 100{,}6°}}$

2.

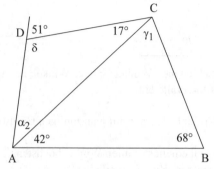

Skizze nicht winkelmaßtreu!

Berechne $\alpha_2, \gamma_1, \delta$!

$\delta = 180° - 51°$ (Nebenwinkel)

$\underline{\underline{\delta = 129°}}$

$\alpha_2 = 180° - 129° - 17°$ (Winkelsumme im Dreieck ACD)

$\underline{\underline{\alpha_2 = 34°}}$

$\gamma_1 = 180° - 42° - 68°$ (Winkelsumme im Dreieck ABC)

$\underline{\underline{\gamma_1 = 70°}}$

oder

$\gamma_1 = 360° - 68° - 17° - 129° - 34° - 42°$ (Winkelsumme im Viereck ABCD)

$\underline{\underline{\gamma_1 = 70°}}$

5. Aufgaben

208.   0°   90°   180°   270°   360°

Trage die Bereiche der verschiedenen Winkel (spitzer Winkel, rechter Winkel, ..., Vollwinkel) als Intervalle ein!

Rechne bei allen Aufgaben der Nr. 209–212 nur mit ganzzahligen Gradwerten!

209. a) Wieviel Grad darf man von einem stumpfen Winkel höchstens subtrahieren, um einen spitzen Winkel zu erhalten?

   b) Wieviel Grad muss man zu einem gestreckten Winkel addieren, um wieder einen spitzen Winkel zu erhalten?

210. a) Wieviel Grad muss man zu einem stumpfen Winkel mindestens addieren, um einen überstumpfen Winkel zu erhalten?

   b) Welches Maß hat der kleinste Winkel, den man zu einem stumpfen Winkel addieren kann, um einen überstumpfen zu erhalten?

211. Entscheide mit wahr oder falsch. Begründe bei „falsch" mit einem Beispiel!

   a) „überstumpf" + „recht" ist stets größer 360°,

   b) „überstumpf" – „recht" ist stets „stumpf",

   c) „stumpf" + „stumpf" ist stets „überstumpf",

   d) „voll" – „überstumpf" ist stets „stumpf",

   e) „stumpf" + „spitz" ist stets „überstumpf",

   f) „voll" – „überstumpf" ist stets „spitz",

   g) „gestreckt" – „stumpf" ist stets „spitz",

   h) „überstumpf" – „spitz" ist stets „überstumpf",

   i) „stumpf" + „recht" ist stets „überstumpf"

   k) „stumpf" + „stumpf" – „recht" ist stets „stumpf".

212. Gib das Winkelmaß an!

    a) kleinster stumpfer Winkel + kleinster stumpfer Winkel,

    b) Vollwinkel – kleinster spitzer Winkel,

    c) größter stumpfer Winkel + kleinster überstumpfer Winkel

    d) größter spitzer Winkel + kleinster spitzer Winkel,

    e) rechter Winkel + kleinster spitzer Winkel,

    f) größter überstumpfer Winkel – kleinster überstumpfer Winkel,

213. Es gilt: $\alpha = 30°$

    a) Welches Winkelmaß muss man subtrahieren, um von $5 \cdot \alpha$ auf einen rechten Winkel zu kommen?

    b) Wieviel Grad fehlen von $4 \cdot \alpha$ auf den kleinsten überstumpfen Winkel?

    c) Berechne β, so dass $\beta + 5 \cdot \alpha$ ein überstumpfer Winkel wird!

    d) Welches Winkelmaß ergänzt $6 \cdot \alpha + 4\alpha - \frac{1}{2}\alpha$ auf einen Vollwinkel?

214. Beantworte die gleichen Fragen wie bei Nr. 213 für $\alpha = 18°$.

215.

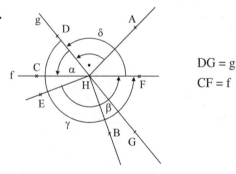

$DG = g$

$CF = f$

    a) Entscheide mit wahr oder falsch.
    Berichtige bei der Entscheidung „falsch"!

    $\alpha = \sphericalangle CHD$ $\gamma = \sphericalangle FHD$

    $\beta = \sphericalangle EHF$ $\delta = \sphericalangle AHD$

b) Trage in die Tabelle die Winkelart (z. B. „spitz", „überstumpf", ...) ein!
Übertrage die Tabelle in dein Übungsheft!

Winkel	Winkelart
∢ FHD	
∢ DHA	
∢ ([HC; [HG)	
∢ DHG	
∢ CHA	
∢ GHA	
∢ (f; g)	
∢ ([HC; [HD)	
∢ EBH	
∢ ([HB; [HG)	

216. Bei diesen Aufgaben musst du zuerst einige andere Winkel berechnen und
dann mit deren Hilfe die gesuchten Winkel. Schreibe das Maß der Winkel,
das du zur Berechnung benötigst, sauber in die Skizze. Das gesuchte Ergebnis schreibst du dann in die vorgegebenen Kästchen!

a)

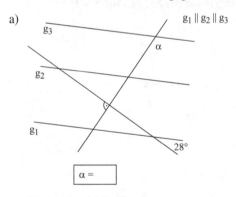

$g_1 \parallel g_2 \parallel g_3$

α =

Skizze nicht winkelmaßtreu!

b)

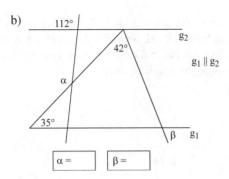

$g_1 \parallel g_2$

$\alpha =$ $\beta =$

Skizze nicht winkelmaßtreu!

c) In einem Viereck sind folgende Winkel gegeben: $\beta = 100°$, $\alpha = 60°$,
   $\sphericalangle\,(\overline{e;b}) = 50°$; $\sphericalangle\,(\overline{f;a}) = 30°$, $\sphericalangle\,(\overline{c;e}) = 25°$.
   Berechne δ, $\sphericalangle\,(\overline{e;d})$, $\sphericalangle\,(\overline{f;e})$!

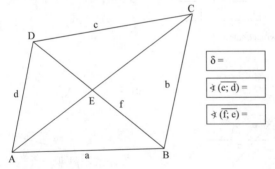

$\delta =$

$\sphericalangle\,(\overline{e;d}) =$

$\sphericalangle\,(\overline{f;e}) =$

Skizze nicht winkelmaßtreu!

217. Bei diesen Aufgaben musst du zuerst einige andere Winkel berechnen und dann mit deren Hilfe die gesuchten Winkel. Schreibe das Maß der Winkel, das du zur Berechnung benötigst, sauber in die Skizze. Das gesuchte Ergebnis schreibst du dann in die vorgegebenen Kästchen!

a)

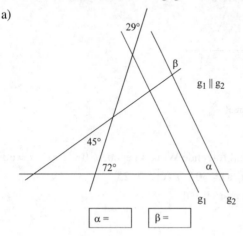

α = ☐   β = ☐

Skizze nicht winkelmaßtreu!

b)

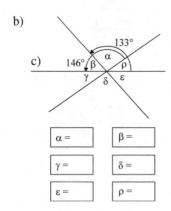

α = ☐   β = ☐

γ = ☐   δ = ☐

ε = ☐   ρ = ☐

Skizze nicht winkelmaßtreu!

c)

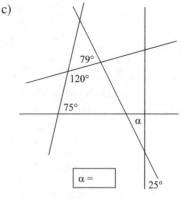

α = ☐

Skizze nicht winkelmaßtreu!

d)

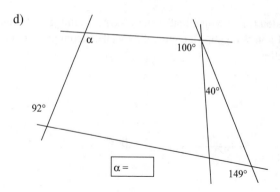

Skizze nicht winkelmaßtreu!

218. Die Skizze ist nicht winkelmaßtreu!
Berechne die fehlenden Winkel und trage die Winkelmaße in die entsprechenden Kreise ein!

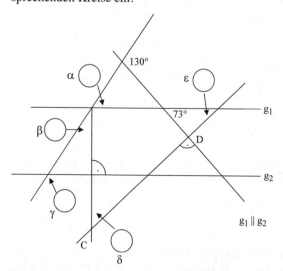

219. In den nachstehenden (nicht winkelmaßtreuen) Skizzen fehlt jeweils eine bestimmte Anzahl von Winkeln. Berechne ihre Maßzahlen und schreibe sie an die richtige Stelle!

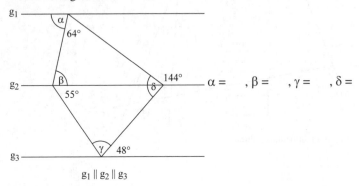

$\alpha =$, $\beta =$, $\gamma =$, $\delta =$

$g_1 \parallel g_2 \parallel g_3$

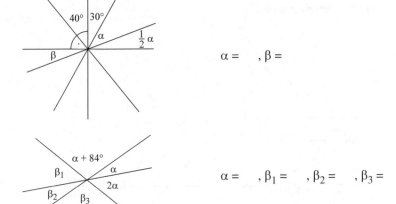

$\alpha =$, $\beta =$

$\alpha =$, $\beta_1 =$, $\beta_2 =$, $\beta_3 =$

220. In einem Dreieck sind α und β zusammen $100°$.
Erstelle eine Wertetabelle für β und γ für $\alpha \in \{10°; 20°; 30°; ...; 90°\}$!

221. Durch eine Geradenkreuzung entstehen zwei voneinander verschiedene Winkel, von denen einer

a) um 40° größer als der andere ist,

b) um 20° kleiner als der andere ist,

c) doppelt so groß wie der andere ist,

d) um 30° kleiner als der doppelte andere Winkel ist.

Berechne jeweils die Winkel.

222. In einem Dreieck ist α halb so groß wie β. Es gilt $\gamma = 60°$.
Berechne α und β!

223. In einem Dreieck ist α doppelt so groß wie β und γ ist um 20° kleiner als β.
Berechne α, β und γ!

224. In einem Viereck ist $\alpha = 60°$, β und γ sind zusammen 170°. Erstelle für α, β, γ und δ eine Wertetabelle für $\beta \in \{10°, 20°, 30°, ..., 110°\}$!

225. In einem Viereck ist $\alpha = 100°$, β ist um 20° größer als γ und δ ist um 30° kleiner als γ.
Berechne β, γ und δ.

Lagebeziehungen zwischen Kreisen und Geraden

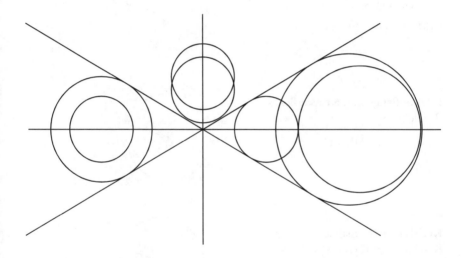

1. Kreis und Kreisbereiche

Kreislinie
Bezeichnung: k

$k(M; r) = \{P \mid \overline{MP} = r\}$

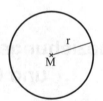

Kreisinnengebiet, Kreisinneres
Bezeichnung: k_i

$k_i(M; r) = \{P \mid \overline{MP} < r\}$

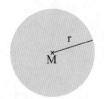

Kreisaußengebiet, Kreisäußeres
Bezeichnung: k_a

$k_a(M; r) = \{P \mid \overline{MP} > r\}$

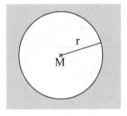

Kreisfläche (Kreisinneres + Kreisrand)
Bezeichnung: K ($K = k_i \cup k$)

$K(M; r) = \{P \mid \overline{MP} \leq r\}$

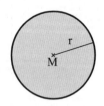

Merke dir auch folgende Begriffe:

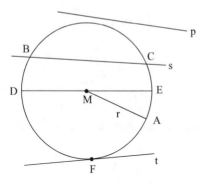

Bezeichnung, Eigenschaft		In der Skizze dargestellt:
Radius	(Länge der Strecke vom Mittelpunkt zum Kreisrand)	$\overline{MA} = r$
Passante	(Gerade, die den Kreis nicht schneidet)	p
Tangente	(Gerade, die den Kreis in einem Punkt berührt)	t
Sekante	(Gerade, die den Kreis in zwei Punkten schneidet)	s
Sehne	(Bereich der Sekante innerhalb des Kreises)	[BC]
Durchmesser	(längste Sehne eines Kreises)	[DE]; $d = \overline{DE} = 2 \cdot r$

2. Schnittmengen und Vereinigungsmengen

Schnittmenge:
$M_1 \cap M_2$

Menge der Elemente, die zu M_1 und gleichzeigig zu M_2 gehören.

Vereinigungsmenge:
$M_1 \cup M_2$

Menge der Elemente, die zu M_1 oder zu M_2 oder zu beiden gehören.

Beispiele:

1. Kennzeichne farbig: $K_1 \cap k_2$ **Lösung:**

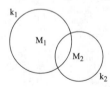 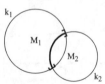

Es ist der Teil der Kreislinie um M_2, der innerhalb des Kreises um M_1 liegt.

2. $A(-1\,|\,2)$, $B(2\,|\,0)$
   Kennzeichne farbig: $\mathbb{L} = \{P\,|\,\overline{AP} < 2\text{ cm} \wedge \overline{BP} \geq 3\text{ cm}\}$
   Lösung:

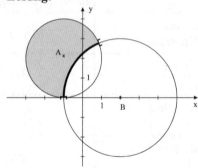

Es ist der Bereich des Kreises um A, der außerhalb des Kreises um B liegt. Randlinien und Randpunkte sind besonders zu beachten!

3. Aufgaben

226. Setze in die Leerstelle eines der Zeichen $\in$, $\notin$, $\subseteq$, $\not\subseteq$.

A	☐	[BS
[AB]	☐	K
CE	☐	EB
[ED	☐	k_i
[DS	☐	[CD
[BC]	☐	[EB
B	☐	$k \cap AS$
[DS	☐	[SC

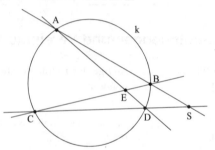

227. Gegeben sind die Punkte A(–3,5 | 1), B(1,5 | 1), M_1(2,5 | 0), M_2(–3,5 | 0), M_3(0 | –3).

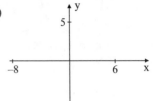

a) Zeichne [AB], k_1(M_1; 3 cm), k_2(M_2; 4 cm) und k_3(M_3; 2,5 cm).

b) Bestimme in der Zeichnung zu a: $(k_{1_i} \cap [AB]) \cap k_{2_a}$.

c) Bestimme in der Zeichnung a: $(k_{1_a} \cap k_{2_a}) \cap K_3$

228. Gegeben sind die Punkte A(–3 | –1), B(0 | 1), C(–4 | 2).

Bestimme durch Zeichnung folgende Punktmenge:

k_a(A; 4 cm) $\cap$ {P | $\overline{PB}$ ≥ 5 cm} $\cap$ {P | $\overline{PC}$ ≤ 3 cm}

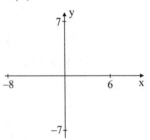

229. Schraffiere die Menge der Punkte, die von einem beliebigen Punkt M

a) höchstens 5 cm und mindestens 3 cm entfernt sind,

b) weniger als 2 cm oder mehr als 4 cm entfernt sind,

230. Kennzeichne die Punktmengen farbig!

a)

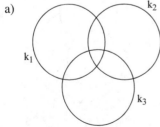

$(k_{i_1} \cap k_{i_2}) \cup k_{a_3}$

b)

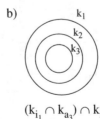

$(k_{i_1} \cap k_{a_3}) \cap k_{i_2}$

145

c)

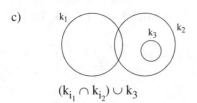

$(k_{i_1} \cap k_{i_2}) \cup k_3$

d)

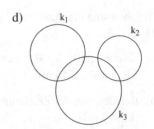

$K_3 \cap (k_{i_1} \cup k_{i_2})$

e)

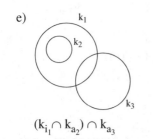

$(k_{i_1} \cap k_{a_2}) \cap k_{a_3}$

f)

$K_1 \cap k_{a_2}$

g)

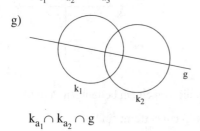

$k_{a_1} \cap k_{a_2} \cap g$

h)

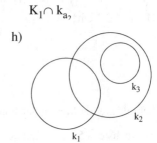

$k_{a_1} \cap k_{i_2} \cap k_{a_3}$

i)

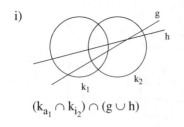

$(k_{a_1} \cap k_{i_2}) \cap (g \cup h)$

k)

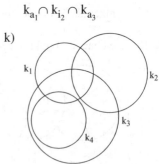

$k_{a_4} \cap k_{a_2} \cap k_{i_1} \cap K_3$

Lösungen

1. a) $1 \in M_1, 1 \in M_2$
$2 \in M_1, 2 \notin M_2$
$3 \notin M_1, 3 \in M_2$
$5 \notin M_1, 5 \notin M_2$
$8 \in M_1, 8 \in M_2$

b) $M_3 = \{8; 10; 20; 30\}$

2. $M_1 = \{4; 8; 12; 16; 20\}$

3. $M_1 = \{3; 6; 9; 12; 15; 18; 21\}$

4. $M_1 = \{V; K; F; T\}$ $M_2 = \{M; G; S\}$

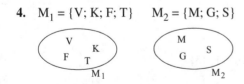

5. M_1 und M_2 sind die gleichen Mengen.
Es kommt nicht auf die Reihenfolge der Elemente an!

6. $\mathbb{T}_{12}$ ist eine endliche Menge, $\mathbb{W}_2$ ist eine unendliche Menge.

7. $\mathbb{T}_9$ = {1; 3; 9}
$\mathbb{T}_{15}$ = {1; 3; 5; 15}
$\mathbb{T}_{40}$ = {1; 2; 4; 5; 8; 10; 20; 40}
$\mathbb{T}_{64}$ = {1; 2; 4; 8; 16; 32; 64}
$\mathbb{T}_{90}$ = {1; 2; 3; 5; 6; 9; 10; 15; 18; 30; 45; 90}
$\mathbb{T}_{250}$ = {1; 2; 5; 10; 25; 50; 125; 250}
$\mathbb{T}_{400}$ = {1; 2; 4; 5; 8; 10; 20; 40; 50; 80; 100; 200; 400}

8. $\mathbb{T}_8$ = {1; 2; 4; 8}
$\mathbb{T}_{37}$ = {1; 37}
$\mathbb{T}_8$ hat mehr Elemente.

9. Alle Mengen haben gleich viele Elemente, weil sie alle unendliche Mengen sind.

10. $\mathbb{T}_3$ = {1; 3} oder $\mathbb{T}_7$ = {1; 8} oder $\mathbb{T}_{17}$ = {1; 17}
Alle Teilermengen der Primzahlen (außer 1) haben zwei Elemente.

11. In der Durchschnittsmenge $M_1 \cap M_2$ liegen alle Elemente, die sowohl in M_1 als auch in M_2 liegen.
In der Vereinigungsmenge $M_1 \cup M_2$ liegen alle Elemente, die in M_1 oder auch in M_2 liegen.
In der Restmenge $M_1 \setminus M_2$ liegen alle Elemente, die in M_1, aber nicht in M_2 liegen.
Man spricht von einer Teilmenge $M_1 \subset M_2$, wenn alle Elemente aus M_1 auch in M_2 liegen.

12. $M_1 \cap M_2$ = {4; 9; 15}
$M_1 \cup M_2$ = {1; 4; 5; 6; 7; 8; 9; 10; 11; 15}
$M_1 \setminus M_2$ = {1; 7; 10}
$M_2 \setminus M_1$ = {5; 6; 8; 11}

13. a) $M_1 \cap M_4 = \{2; 8; 20\}$
$M_2 \cap M_5 = \{1\}$
$M_3 \cap M_2 = \{\ \}$
$M_1 \cap M_2 \cap M_5 = \{1\}$
$M_1 \cup M_5 = \{1; 2; 4; 5; 8; 20\}$
$M_2 \cup M_4 = \{1; 2; 3; 4; 5; 6; 8; 11; 20\}$
$M_1 \setminus M_3 = \{1; 4; 5; 20\}$
$M_5 \setminus M_2 = \{2; 20\}$
$M_2 \setminus M_1 = \{3\}$
$M_3 \setminus M_5 = \{6; 8; 10\}$

b) $M_5 \subset M_1$

14. $M_1 \cap M_2 = \{5; 12\}$
$M_1 \setminus M_2 = \{2; 10\}$
$M_2 \setminus M_1 = \{1; 4; 8; 15\}$
$M_1 \cup M_2 = \{1; 2; 4; 5; 8; 10; 12; 15\}$

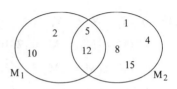

15. $\{1; 4; 8; 12\} \subseteq M$
Jede Menge ist Teilmenge von sich selbst (unechte Teilmenge).

$\{1; 4; 8\}, \{1; 4; 12\}, \{1; 8; 12\}, \{4; 8; 12\}$
$\{1; 4\}, \{1; 8\}, \{1; 12\}, \{4; 8\}, \{4; 12\}, \{8; 12\}$
$\{1\}; \{4\}; \{8\}; \{12\}$
$\{\ \} \subset M!$ Die leere Menge ist Teilmenge **jeder** Menge!

16. a) $\mathbb{V}_7 = \{7; 14; \mathbf{21}; 28; 35; 42; ...\}$
$\mathbb{V}_3 = \{3; 6; 9; 12; 15; 18; \mathbf{21}; 24; ...\}$
$\mathbb{V}_7 \cap \mathbb{V}_3 = \{21; 42; 63; ...\}$
$\mathbb{V}_7 \cap \mathbb{V}_3 = \mathbb{V}_{21}$

b) $\mathbb{V}_2 = \{2; 4; 6; 8; \mathbf{10}; 12; ...\}$
$\mathbb{V}_5 = \{5; \mathbf{10}; 15; ...\}$
$\mathbb{V}_2 \cap \mathbb{V}_5 = \{10; 20; 30; ...\}$
$\mathbb{V}_2 \cap \mathbb{V}_5 = \mathbb{V}_{10}$

c) $\mathbb{V}_4 = \{4; \mathbf{8}; 12; \mathbf{16}; ...\}$
$\mathbb{V}_8 = \{\mathbf{8}; \mathbf{16}; 24; ...\}$
$\mathbb{V}_4 \cap \mathbb{V}_8 = \{8; 16; 24; ...\}$
$\mathbb{V}_4 \cap \mathbb{V}_8 = \mathbb{V}_8$

17. a) w   b) f   c) w

     d) f   e) w   f) w

18. a) $\mathbb{V}_2 = \{2; 4; 6; 8; 10; 12; 14; ...\}$ b) $\mathbb{V}_7 = \{7; 14; ...\}$
       $\mathbb{T}_{12} = \{1; 2; 3; 4; 6; 12\}$ $\mathbb{T}_7 = \{1; 7\}$
       $\mathbb{V}_2 \setminus \mathbb{T}_{12} = \{8; 10; 14; 16; 18; 20; ...\}$ $\mathbb{V}_7 \cap \mathbb{T}_7 = \{7\}$

     c) $\mathbb{T}_4 = \{1; 2; 4\}$ d) $\mathbb{T}_4 \setminus \mathbb{T}_{12} = \{\ \}$
       $\mathbb{T}_{12} \setminus \mathbb{T}_4 = \{3; 6; 12\}$

     e) $\{\ \} \cap \mathbb{V}_3 = \{\ \}$ f) $\{\ \} \cup \mathbb{T}_6 = \mathbb{T}_6$

19. a) $M_1 \cap M_3 \cap M_4 = \{\ \}$

     b) $(M_1 \cap M_4) \cup M_2 = \{2; 10\} \cup \{3\} = \{2; 3; 10\}$

     c) $(M_1 \cup M_4) \cap M_3 = \{2; 3; 4; 5; 6; 10; 15\} \cap \{4; 5; 8; 12\} = \{4; 5\}$

     d) $(M_1 \cap M_3) \cup (M_2 \cap M_4) = \{4; 5\} \cup \{3\} = \{3; 4; 5\}$

20. a) $M_3 \setminus M_2 = \{6; 7; 8; 18\}$

     b) $M_1 \cap M_2 = \{2; 12; 20\}$

     c) $M_1 \cap M_2 \cap M_3 = \{2; 20\}$

     d) $M_3 \cup M_1 = \{1; 2; 6; 7; 8; 10; 11; 12; 14; 18; 20\}$

     e) $M_1 \setminus M_3 = \{1; 12; 14\}$

     f) $(M_1 \cap M_2) \setminus M_3 = \{12\}$

     g) $(M_3 \cap M_2) \setminus M_1 = \{10; 11\}$

     h) $(M_1 \cup M_2) \setminus M_3 = \{1; 3; 12; 14; 15\}$

     i) $(M_1 \cap M_2) \cup (M_2 \cap M_3) = \{2; 12; 20\} \cup \{2; 10; 11; 20\}$
                                     $= \{2; 10; 11; 12; 20\}$

     k) $M_1 \setminus (M_2 \cap M_3) = \{1; 7; 12; 14\}$

     l) $(M_1 \setminus M_2) \setminus M_3 = \{1; 7; 14\} \setminus \{2; 6; 7; 8; 10; 11; 18; 20\} = \{1; 14\}$

21. a) $6 \cdot 3 - 5 \cdot 2 + 18 : 9$
$= 18 - 10 + 2$
$= 10$

b) $124 : 4 - 6 \cdot 3 + 2 \cdot 5 \cdot 6 - 10 : 2$
$= 31 - 18 + 60 - 5$
$= 68$

c) $4 \cdot 64 - 100 \cdot 2 + 54 : 6 - 80 : 5$
$= 256 - 200 + 9 - 16$
$= 49$

d) $512 : 4 + 13 \cdot 12 - 48 \cdot 5 - 100 : 25$
$= 128 + 156 - 240 - 4$
$= 40$

22. a) $(36 - 6) : 5 + 2 \cdot 10 + 6 - 3$
$= \quad 6 \quad + 20 \quad + 6 - 3$
$= \quad 29$

b) $2 \cdot 10 + 3 \cdot 6 - (4 + 6) \cdot 2 - (16 : 8) \cdot 2$
$= 20 + 18 - 20 - 4$
$= 14$

c) $(24 : 4 - 2) + (16 \cdot 3 - 5) - (4 \cdot 2 + 11 \cdot 3)$
$= \quad 4 \quad + \quad 43 \quad - \quad 41$
$= \quad 6$

d) $\quad 180 \quad - (6 - 2) \cdot 3 + 5 \cdot (10 - 3) - 7$
$= 180 \quad - \quad 12 \quad + \quad 35 \quad - 7$
$= 196$

e) $120 : 24 + (100 - 3 \cdot 7) - 18 : 9$
$= 5 \quad + \quad 79 \quad - \quad 2$
$= 82$

f) $240 : 12 - 6 \cdot 7 + 3 \cdot (12 \cdot 4 - 5) - 2 \cdot (10 - 3 \cdot 2)$
$= \quad 20 \quad - 42 + \quad 3 \cdot 43 \quad - \quad 2 \cdot 4$
$= \quad 20 \quad - \mathbf{42} + \quad 129 \quad - \quad 8$
$= \quad 99$

Zur Berechnung des Term-
wertes die Zahl 42 am Ende
subtrahieren!

23. a) $\quad 48 - [3 + 2 \cdot (10 - 8) - 1] + 2$
$= 48 - [3 + \quad 4 \quad - 1] + 2$
$= 48 - \quad 6 \quad + 2$
$= 44$

151

b) $[12:4+(10-6)-(3\cdot2+1)+2\cdot3]\ +5$
$=[\ \ 3\ \ +\ \ 4\ \ -\ \ 7\ \ +\ \ 6\ \ ]+5$
$=6+5$
$=11$

c) $10\cdot20\ -\ [6+3\cdot(2+7\cdot3)-12:4]$
$=200\ -\ [6+3\cdot\ \ \ \ 23\ \ \ -\ \ 3\ \ ]$
$=200\ -\ 72$
$=128$

d) $[28:4-3\cdot2+5\cdot(10-7)]\ -\ [24:2+(6-3)\cdot2]\ +15$
$=[7\ -\ 6\ +\ 15\ \ \ \ \ ]\ -\ [12\ +\ 6\ \ \ \ ]\ +15$
$=\ \ \ 16\ \ \ \ \ \ \ \ \ \ \ \ \ \ \ -\ \ \ \ \ \mathbf{18}\ \ \ \ \ \ \ \ +15$
$=13$

Zur Berechnung des Termwertes die Zahl 18 am Ende subtrahieren!

e) $[120+6\cdot(24\cdot5-8)-3\cdot(12-4\cdot2)+16]\ :199$
$=[120+6\cdot\ \ \ 112\ \ \ \ -3\cdot\ \ 4\ \ \ \ +16]\ :199$
$=[120+\ \ 672\ \ \ \ \ -12\ \ \ \ \ \ \ +16]\ :199$
$=796\ :199$
$=4$

24. $T_1=24\ \ \ T_2=6\ \ \ T_3=6\ \ \ T_4=8$

a) $T_1\cdot T_2=24\cdot6=144$ b) $T_1:T_4=24:8=3$

c) $T_3:T_2=6:6=1$ d) $(T_1+T_3):T_2=(24+6):6=5$

e) $(T_1-T_4):T_4=16:8=2$ f) $(T_1+T_2):(T_4-T_3)=30:2=15$

25. a) $(8\cdot6):(8-6)=48:2=24$

b) $12\cdot4-(12+4)=48-16=32$

c) $120\cdot24+120:24=2\,880+5=2\,885$

26. a) $(212-23)-(101+26)=189-127=62$

b) $[(24+37)\cdot8]:4=[61\cdot8]:4=488:4=122$

c) $\{[12 \cdot 44 - (121 - 17)] + 64 : 16\} \cdot 6$
$= \{[528 \ - \ 104] \qquad + 4 \qquad \} \cdot 6$
$= \{ \qquad 424 \qquad + 4 \qquad \} \cdot 6$
$= 428 \cdot 6$
$= 2\,568$

d) $(22 \cdot 3 - 36 : 9) - (23 + 12) = (66 - 4) - (35) = 62 - 35 = 27$

27. a) $\square = 2$ b) $\square = 6$ c) $\square = 8$

  d) $\square = 10$ e) $\square = 11$ f) $\square = 6$

28. 1. Platzhalter: 14   2. Platzhalter: 68   3. Platzhalter: 12

29. $111 = 15 + 5 \cdot 20 - 4$ $189 = 8 + 6 \cdot 30 + 1$
  $111 = 3 \cdot 40 - 15 + 6$ $189 = 4 \cdot 50 - 10 - 1$
  $111 = 7 \cdot 15 + 2 \cdot 3$ $189 = 300 - 100 - 15 + 4$

  $317 = 300 + 3 \cdot 5 + 2$
  $317 = 2 \cdot 20 \cdot 8 - 3$
  $317 = 6 \cdot 50 + 15 + 2$

30. a) 67   b) 8   c) 12

31. a)

$8 + 3 = 11$

b)

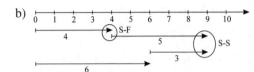

$4 + 5 - 3 = 6$

c)

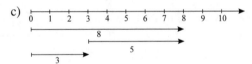

$8 - 5 = 3$

153

d)

$5 - 6 = ?$

in $\mathbb{N}_0$ nicht lösbar!

32. a) 6   b) 19   c) 30

    d) 0   e) 54   f) 6

33. a) 65   b) 110   c) 80

    d) 110   e) 129   f) 200

Man „verbindet" z. B. bei Aufgabe a 17 mit 33 und –5 mit 20!

34. a) 17   b) 108   c) nicht lösbar!

    d) 2   e) 5   f) 36

    g) nicht lösbar!   h) 2   i) 2

    k) 36   l) 13   m) 10

    n) 3   o) 8   p) 5

35. a) $43 \cdot 21 - 6 \cdot (4 + 5 \cdot 3) = 903 - 6 \cdot 19 = 903 - 114 = 789$

    b) $120 - 2 \cdot (6 \cdot 2 - 5) = 120 - 2 \cdot 7 = 120 - 14 = 106$

    c) $3 \cdot (18 - 2 \cdot 5 + 3 \cdot 2 + 16 : 8) = 3 \cdot (18 - 10 + 6 + 2) = 3 \cdot 16 = 48$

    d) $4 + [26 \cdot 2 - 54 : 2 + 2 \cdot (8 - 3)] = 4 + [52 - 27 + 2 \cdot 5] = 4 + 35 = 39$

    e) $14 + 69 : 23 + 6 \cdot (8 - 5) = 14 + 3 + 6 \cdot 3 = 35$

    f) $4 \cdot 5 \cdot 6 - 3 \cdot (16 - 12) = 120 - 3 \cdot 4 = 120 - 12 = 108$

    g) $3 + [26 \cdot 2 - 2 \cdot (3 \cdot 3 - 2 \cdot 2) + 17 \cdot 3] = 3 + [52 - 2 \cdot 5 + 51]$
$$= 3 + 93 = 96$$

    h) $14 + (273 \cdot 0 + 13) + 120 : 60 = 14 + 13 + 2 = 29$

i) 0

Ein Produkt ist Null, wenn ein Faktor Null ist!

$$0 \cdot a = a \cdot 0 = 0$$

k) nicht lösbar!

Die Division durch Null ist nicht erlaubt!

$a : 0$ nicht lösbar!

aber $0 : a = 0$!

36. a) $3 \cdot (6 + 11) = 3 \cdot 6 + 3 \cdot 11 = 18 + 33 = 51$
$$= 3 \cdot 17 = 51$$

b) $5 \cdot (23 - 8) = 5 \cdot 23 - 5 \cdot 8 = 115 - 40 = 75$
$$= 5 \cdot 15 = 75$$

c) $(45 - 30) : 3 = 45 : 3 - 30 : 3 = 15 - 10 = 5$
$$= 15 : 3 = 5$$

d) $12 \cdot (6 - 0) = 12 \cdot 6 - 12 \cdot 0 = 72 - 0 = 72$
$$= 12 \cdot 6 = 72$$

e) $(465 - 135) : 15 = 465 : 15 - 135 : 15 = 31 - 9 = 22$
$$= 330 : 15 = 22$$

f) $(2\,400 - 120) : 8 = 2\,400 : 8 - 120 : 8 = 300 - 15 = 285$
$$= 2\,280 : 8 = 285$$

37. a) $7 \cdot (x - 8) = 7 \cdot x - 56$

b) $13 \cdot (12 - x) = 156 - 13 \cdot x$

c) $(25 - x) \cdot 3 = 75 - 3 \cdot x$

d) $(14 + x) \cdot 2 = 28 + 2 \cdot x$

e) $3 \cdot (6 - 8 \cdot x) = 18 + 24 \cdot x$

f) $(24 - 12x) : 4 = 24 : 4 - 12x : 4 = 6 - 3 \cdot x$

38. a) $4 \cdot (12 - 3x + 5) = 48 - 12x + 20 = 68 - 12x$

b) $26 \cdot (4x + 8 + x - 5) = 104x + 208 + 26x - 130 = 130x + 78$

c) $(12x - 4 + x + 6) \cdot 2 = 24x - 8 + 2x + 12 = 26x + 4$

d) $8 + 2 \cdot 3 + 2 \cdot (4x + 12) + 3x = 8 + 6 + 8x + 24 + 3x = 38 + 11x$

e) $24 + 6 : 3 + 3 \cdot (2 - x) + 1 = 24 + 2 + 6 - 3x + 1 = 33 - 3x$

f) $(24 - 3 \cdot 2) \cdot [3 \cdot (x + 5)] + 3x = 18 \cdot [3x + 15] + 3x = 54x + 270 + 3x$
$$= 57x + 270$$

39. Aufgabe a und b: Punkt vor Strich nicht beachtet!
Richtig:

a) $6 + 3 \cdot 2 = 6 + 6 = 12$

b) $22 - 2 \cdot 10 + 3 = 22 - 20 + 3 = 5$

c) Division durch Null ist nicht erlaubt! $\Rightarrow$ Aufgabe c ist nicht lösbar!

d) **Jedes** Glied in der Klammer muß mit 2 multipliziert werden!
Richtig:
$2 \cdot (32 + x) = 64 + 2 \cdot x$

40. $T = (a \cdot b + b \cdot d - c \cdot e) : a$

	T_1	T_2
a	1	3
b	2	4
c	1	4
d	2	5
e	3	7

$T_1 = (1 \cdot 2 + 2 \cdot 2 - 1 \cdot 3) : 1$

$T_1 = (2 + 4 - 3) : 1$

$T_1 = 3 : 1$

$T_1 = 3$

$T_2 = (3 \cdot 4 + 4 \cdot 5 - 4 \cdot 7) : 3$

$T_2 = (12 + 20 - 28) : 3$

$T_2 = 4 : 3$

$T_2 = \dfrac{4}{3} \Rightarrow$ in $\mathbb{N}_0$ nicht lösbar!

41. a) 67   b) 8   c) 12   d) 6

42.

$30 = 20 + 2 \cdot 5 + 0$ $45 = 20 \cdot 2 + 5 \cdot 1$ $120 = 4 \cdot 40 - 2 \cdot 20$

$30 = 10 + 100 : 5 + 0$ $45 = 100 : 2 - 5 \cdot 1$ $120 = 100 + 40 - 4 \cdot 5$

$30 = 2 \cdot 20 - 6 - 4$ $45 = 4 \cdot 10 + 2 + 3$ $120 = 100 \cdot 1 + 4 \cdot 5$

43.

a) $\mathbb{D} = \mathbb{N} \setminus \{4\}$

b) $\mathbb{D} = \mathbb{N} \setminus \{6\}$

c) $\mathbb{D} = \mathbb{N} \setminus \{5\}$

d) $\mathbb{D} = \mathbb{N}$, da $x + 2 \neq 0$ in $\mathbb{N}$

e) $\mathbb{D} = \mathbb{N} \setminus \{1; 2\}$

f) $\mathbb{D} = \mathbb{N} \setminus \{2; 3\}$

g) $\mathbb{D} = \mathbb{N} \setminus \{7\}$, da $x + 1 \neq 0$ in $\mathbb{N}$

h) $\mathbb{D} = \mathbb{N} \setminus \{2; 4\}$

44.

a) $T(1) = 1 + 2 = 3$

$T(3) = 3 + 2 = 5$

$T(5) = 5 + 2 = 7$

b) $T(1) = 2 \cdot 1 + 4 = 2 + 4 = 6$

$T(3) = 2 \cdot 3 + 4 = 6 + 4 = 10$

$T(5) = 2 \cdot 5 + 4 = 10 + 4 = 14$

c) $T(1) = 6 \cdot 1 - 5 = 6 - 5 = 1$

$T(3) = 6 \cdot 3 - 5 = 18 - 5 = 13$

$T(5) = 6 \cdot 5 - 5 = 30 - 5 = 25$

d) $T(1) = (1 + 2) \cdot 4 = 3 \cdot 4 = 12$

$T(3) = (3 + 2) \cdot 4 = 5 \cdot 4 = 20$

$T(5) = (5 + 2) \cdot 4 = 7 \cdot 4 = 28$

e) $T(1) = 3 \cdot (2 \cdot 1 - 1) + 1 = 3 \cdot (2 - 1) + 1 = 3 \cdot 1 + 1 = 4$

$T(3) = 3 \cdot (2 \cdot 3 - 1) + 1 = 3 \cdot (6 - 1) + 1 = 3 \cdot 5 + 1 = 16$

$T(5) = 3 \cdot (2 \cdot 5 - 1) + 1 = 3 \cdot (10 - 1) + 1 = 3 \cdot 9 + 1 = 28$

f) $T(1) = (1 + 1) \cdot (1 + 2) = 2 \cdot 3 = 6$

$T(3) = (3 + 1) \cdot (3 + 2) = 4 \cdot 5 = 20$

$T(5) = (5 + 1) \cdot (5 + 2) = 6 \cdot 7 = 42$

45. a)

x	1	2	3	4	5
x + 1	2	3	4	5	6

b)

x	1	2	3	4	5
NR:	3 − 1	6 − 1	9 − 1	12 − 1	15 − 1
3 · x − 1	2	5	8	11	14

c)

x	1	2	3	4	5
NR:	2 · 4	2 · 5	2 · 6	2 · 7	2 · 8
2 · (x + 3)	8	10	12	14	16

d)

x	1	2	3	4	5
NR:	1 · 3	2 · 4	3 · 5	4 · 6	5 · 7
x · (x + 2)	3	8	15	24	35

e)

x	1	2	3	4	5
NR:	1 · 1	2 · 3	3 · 5	4 · 7	5 · 9
x · (2 · x −1)	1	6	15	28	45

f)

x	1	2	3	4	5
NR:	3 · 2	4 · 5	5 · 8	6 · 11	7 · 14
(x + 2) · (3 · x − 1)	6	20	40	66	98

46. a)
$$T(2) = 2 + 1 + 2 : 2 = 2 + 1 + 1 = 4$$
$$T(4) = 4 + 1 + 4 : 2 = 4 + 1 + 2 = 7$$
$$T(6) = 6 + 1 + 6 : 2 = 6 + 1 + 3 = 10$$
$$T(8) = 8 + 1 + 8 : 2 = 8 + 1 + 4 = 13$$
$$T(10) = 10 + 1 + 10 : 2 = 10 + 1 + 5 = 16$$

b)
$$T(2) = 2 \cdot 2 + 3 - 2 : 2 = 4 + 3 - 1 = 6$$
$$T(4) = 2 \cdot 4 + 3 - 4 : 2 = 8 + 3 - 2 = 9$$
$$T(6) = 2 \cdot 6 + 3 - 6 : 2 = 12 + 3 - 3 = 12$$
$$T(8) = 2 \cdot 8 + 3 - 8 : 2 = 16 + 3 - 4 = 15$$
$$T(10) = 2 \cdot 10 + 3 - 10 : 2 = 20 + 3 - 5 = 18$$

c) $T(2) = 2 \cdot 2 + 3 \cdot 2 = 4 + 6 = 10$
$T(4) = 4 \cdot 4 + 3 \cdot 4 = 16 + 12 = 28$
$T(6) = 6 \cdot 6 + 3 \cdot 6 = 36 + 18 = 54$
$T(8) = 8 \cdot 8 + 3 \cdot 8 = 64 + 24 = 88$
$T(10) = 10 \cdot 10 + 3 \cdot 10 = 100 + 30 = 130$

d) $T(2) = 2 \cdot 2 - 4 \cdot 2 : 2 + 5 = 4 - 4 + 5 = 5$
$T(4) = 4 \cdot 4 - 4 \cdot 4 : 2 + 5 = 16 - 8 + 5 = 13$
$T(6) = 6 \cdot 6 - 4 \cdot 6 : 2 + 5 = 36 - 12 + 5 = 29$
$T(8) = 8 \cdot 8 - 4 \cdot 8 : 2 + 5 = 64 - 16 + 5 = 53$
$T(10) = 10 \cdot 10 - 4 \cdot 10 : 2 + 5 = 100 - 20 + 5 = 85$

47. a) $T(1) = 1 - 2$ nicht zu berechnen für $x = 1$
$T(2) = 2 - 2 = 0 \Rightarrow$ alle weiteren Zahlen möglich

b) $T(1) = 2 - 3$ nicht zu berechnen für $x = 1$
$T(2) = 4 - 3 = 1 \Rightarrow$ alle weiteren Zahlen möglich

c) $T(1) = 4 - 1 = 3; T(2) = 4 - 2 = 2; T(3) = 4 - 3 = 1; T(4) = 4 - 4 = 0$
$T(5) = 4 - 5$ nicht zu berechnen für $x \in \{5; 6; 7; ...\}$

d) $T(1) = 2 \cdot 3 = 6; T(2) = 2 \cdot 2 = 4; T(3) = 2 \cdot 1 = 2; T(4) = 2 \cdot 0 = 0$
$T(5) = 2 \cdot (4 - 5)$ nicht zu berechnen für $x \in \{5; 6; 7; ...\}$

e) $T(1) = 5 - 2 = 3; T(2) = 5 - 4 = 1$
$T(3) = 5 - 6$ nicht zu berechnen für $x \in \{3; 4; 5; ...\}$

f) $T(1) = (1 - 2) \cdot (2)$ nicht zu berechnen für $x = 1$
$T(2) = 0 \cdot 3 = 0 \Rightarrow$ alle weiteren Zahlen möglich

48. a) $x - (12 + 15)$
    b) $4 \cdot x + (42 - 17)$

c) $(x + 12) \cdot (4 \cdot 8)$
    d) $(182 : 14) - (x + 3)$

49. a) $16 - 4 = 12 \Rightarrow \mathbb{L} = \{16\}$
    b) $2 \cdot 3 + 3 = 9 \Rightarrow \mathbb{L} = \{3\}$

c) $13 - 5 \cdot 2 = 3 \Rightarrow \mathbb{L} = \{2\}$
    d) $2 \cdot (5 - 2) = 6 \Rightarrow \mathbb{L} = \{2\}$

e) $2 \cdot (2 + 1) = 6 \Rightarrow \mathbb{L} = \{2\}$
    f) $(4 - 2) \cdot (4 + 1) = 10 \Rightarrow \mathbb{L} = \{4\}$

g) $\dfrac{8}{3+1} = 2 \Rightarrow \mathbb{L} = \{3\}$ h) $\dfrac{5}{2 \cdot 2 + 1} = 1 \Rightarrow \mathbb{L} = \{2\}$

i) $\dfrac{4}{4-2} = 2 \Rightarrow \mathbb{L} = \{4\}$ k) $\dfrac{3+1}{3-1} = 2 \Rightarrow \mathbb{L} = \{3\}$

50. a) $12 - 1 \geq 7$ (w)
$12 - 2 \geq 7$ (w)
$12 - 3 \geq 7$ (w)
$12 - 4 \geq 7$ (w)
$12 - 5 \geq 7$ (w)
$12 - 6 \geq 7$ (f)
$\mathbb{L} = \{1; 2; 3; 4; 5\}$

b) $2 \cdot 1 + 4 \leq 11$ (w)
$2 \cdot 2 + 4 \leq 11$ (w)
$2 \cdot 3 + 4 \leq 11$ (w)
$2 \cdot 4 + 4 \leq 11$ (f)
$\mathbb{L} = \{1; 2; 3\}$

c) $17 - 3 \cdot 1 \leq 10$ (f)
$17 - 3 \cdot 3 \leq 10$ (w)
$17 - 3 \cdot 5 \leq 10$ (w)
$\mathbb{L} = \{3; 5\}$

d) $5 \cdot 2 - 10 > 14$ (f)
$5 \cdot 4 - 10 > 14$ (f)
$5 \cdot 6 - 10 > 14$ (w)
$5 \cdot 8 - 10 > 14$ (w)
$\mathbb{L} = \{6; 8\}$

e) $1 + 2 \cdot 1 > 10$ (f)
$2 + 2 \cdot 2 > 10$ (f)
$3 + 2 \cdot 3 > 10$ (f)
$4 + 2 \cdot 4 > 10$ (w)
usw.
$\mathbb{L} = \{4; 5; 6; ...\}$

f) $1 \cdot 2 \leq 20$ (w)
$2 \cdot 3 \leq 20$ (w)
$3 \cdot 4 \leq 20$ (w)
$4 \cdot 5 \leq 20$ (w)
$5 \cdot 6 \leq 20$ (f)
$\mathbb{L} = \{1; 2; 3; 4\}$

g) $2 \cdot 1 \cdot 0 < 8$ (w)
$2 \cdot 2 \cdot 1 < 8$ (w)
$2 \cdot 3 \cdot 2 < 8$ (f)
$\mathbb{L} = \{1; 2\}$

h) $(1+2)(1+3) < 40$ (w)
$(2+2)(2+3) < 40$ (w)
$(3+2)(3+3) < 40$ (w)
$(4+2)(4+3) < 40$ (f)
$\mathbb{L} = \{1; 2; 3\}$

i) Es dürfen erst Zahlen ab 3 eingesetzt werden:

$\dfrac{3}{3-2} \leq 3$ (w)

$\dfrac{4}{4-2} \leq 3$ (w)

$\mathbb{L} = \{3; 4; 5; ...\}$

51. a) $12 - x = 8$ $\quad$ G = {2; 4; 6; 8; ...}
$\quad$ $12 - 4 = 8$ $\quad \Rightarrow \mathbb{L} = \{4\}$

b) $\quad x - 7 = 12$ $\quad$ G = {1; 3; 5; 7; 9; ...}
$\quad$ $19 - 7 = 12$ $\quad \Rightarrow \mathbb{L} = \{19\}$

c) $\quad x : 8 = 12$ $\quad$ G = {3; 6; 9; 12; 15; ...}
$\quad$ $96 : 8 = 12$ $\quad \Rightarrow \mathbb{L} = \{96\}$

d) $x + 8 = 3 \cdot x$ $\quad$ G = {2; 4; 6; 8; ...}
$\quad$ $4 + 8 = 3 \cdot 4$ $\quad \Rightarrow \mathbb{L} = \{4\}$

e) $\quad x - 3 < 9$ $\qquad\qquad$ G = {1; 3; 5; 7; ...}
$\quad$ $3 - 3 < 9$ $\quad$ (w)
$\quad$ $5 - 3 < 9$ $\quad$ (w)
$\quad$ $7 - 3 < 9$ $\quad$ (w) $\quad \Rightarrow \mathbb{L} = \{3; 5; 7; 9; 11\}$
$\quad$ $9 - 3 < 9$ $\quad$ (w)
$\quad$ $11 - 3 < 9$ $\quad$ (w)
$\quad$ $13 - 3 < 9$ $\quad$ (f)

f) $\quad 12 + x > 25$ $\qquad$ G = {4; 8; 12; ...}
$\quad$ $12 + 4 > 25$ $\quad$ (f)
$\quad$ $12 + 8 > 25$ $\quad$ (f)
$\quad$ $12 + 12 > 25$ $\quad$ (f)
$\quad$ $12 + 16 > 25$ $\quad$ (w) $\Rightarrow \mathbb{L} = \{16; 20; ...\}$

52. a) $2 + 3 = 5$ $\qquad\qquad\qquad$ b) $4 + 5 = 9$

c) $3 + 3 = 6$ $\qquad\qquad\qquad$ d) $6 - 6 = 0$

e) $3 + 2 = 5$ $\qquad\qquad\qquad$ f) $2 + 2 - 1 = 3$

g) $10 - 5 - 5 = 0$

53. a) $-3 < -2 < -1 < 0 < 1 < 2$ $\qquad$ b) $-21 < -20 < -19 < 18 < 22 < 25$

54. a) (w) $\qquad$ b) (f) $\qquad$ c) (f) $\qquad$ d) (f)

e) (w) $\qquad$ f) (w) $\qquad$ g) (w) $\qquad$ h) (f)

55. a) 3   b) –5   c) 0   d) –6

     e) 5   f) –7   g) 5   h) –70

56. a) $17 - 12 = 5$ b) $24 - 36 = -12$

     c) $-12 - 25 = -37$ d) $8 + 4 = 12$

     e) $27 + 14 = 41$ f) $3 - 7 = -4$

57. a) $-12 - 5 + 6 = -17 + 6 = -11$

     b) $3 - 12 - 17 = 3 - 29 = -26$

     c) $-[3 - 12 + 15] - 8 = -[18 - 12] - 8 = -[6] - 8 = -6 - 8 = -14$

     d) $[-13 + 9] - [-2 - 11] = [-4] - [-13] = -4 + 13 = 9$

58. a) $10 - 23 = -13$ b) $9 - 40 = -31$

     c) $25 - 66 = -41$ d) $35 - 62 = -27$

     e) $(-17) - (-2) = -17 + 2 = -15$

     f) $15 - [(-2) - 10] + 8 = 15 - [-2 - 10] + 8 = 15 - [-12] + 8 =$
$$= 15 + 12 + 8 = 35$$

59. a) –11   b) 9   c) –4

     d) 6   e) 5   f) –15

60. a) $[17 + (-2)] + [28 - (-12)] = [17 - 2] + [28 + 12] = 15 + 40 = 55$

     b) $[-8 - 5] + [23 + (-35)] = [-13] + [23 - 35] = -13 + [-12] = -13 - 12 = -25$

     c) $[32 - (-5)] - [15 + (-3)] = [32 + 5] - [15 - 3] = 37 - 12 = 25$

     d) $[-9 - (-11)] - [-7 + 12] = [-9 + 11] - [5] = 2 - 5 = -3$

61. a) $12 - 12 = 0$ b) $-6 + 30 = 24$

c) $36 - 15 = 21$ d) $-48 - 15 = -63$

e) $-4 + 4 = 0$ f) $4 - 6 = -2$

g) $-2 + 2 = 0$ h) $-4 - 7 = -11$

i) $-21 - 2 + 12 + 4 = 16 - 23 = -7$ k) $36 + 51 + 6 - 3 = 93 - 3 = 90$

62. a) $3 - [-2 + (-2)] + 12 + 4 = 3 - [-2 - 2] + 12 + 4 = 3 - [-4] + 12 + 4 =$
$$= 3 + 4 + 12 + 4 = 23$$

b) $[2 - (-10) + 1] - [-5 + (-4)] = [2 + 10 + 1] - [-5 - 4] =$
$$= [13] - [-9] = 13 + 9 = 22$$

c) $1 - \{-3 + [7 - (-3) + 3] - 5\} + (-4) = 1 - \{-3 + [7 + 3 + 3] - 5\} - 4 =$
$$= 1 - \{-3 + 13 - 5\} - 4 = 1 - \{5\} - 4 =$$
$$= 1 - 5 - 4 = -8$$

d) $-4 \cdot [2 - 3 \cdot (2)] - 5 \cdot (-16) - 2 = -4[2 - 6] + 80 - 2 = -4 \cdot [-4] + 80 - 2 =$
$$= +16 + 80 - 2 = 94$$

e) $5 - 4 \cdot \{3 - 2 \cdot [-3 + 4 \cdot (-11)] + 7\} = 5 - 4 \cdot \{3 - 2 \cdot [-3 - 44] + 7\} =$
$$= 5 - 4 \cdot \{3 - 2 \cdot [-47] + 7\} =$$
$$= 5 - 4 \cdot \{3 + 94 + 7\} = 5 - 4 \cdot \{104\} =$$
$$= 5 - 416 = -411$$

f) $-3 - (-2) \cdot [4 - 20] : (-8) - 12 = -3 + 2 \cdot [-16] : (-8) - 12 = -3 + 2 \cdot 2 - 12 =$
$$= -3 + 4 - 12 = -11$$

g) $12 + 3 \cdot \{5 - 4 \cdot [-2 + 4 - 3] + 7\} + 3 = 12 + 3 \cdot \{5 - 4 \cdot [-1] + 7\} + 3 =$
$$= 12 + 3 \cdot \{5 + 4 + 7\} + 3 =$$
$$= 12 + 3 \cdot \{16\} + 3 = 12 + 48 + 3 = 63$$

63. a) $(-5 + 13) \cdot (-4) + (18) : (-6) = 8 \cdot (-4) - 3 = -32 - 3 = -35$

b) $[16 - (-4)] + (-6) \cdot (-2) = [16 + 4] + 12 = 20 + 12 = 32$

c) $4 \cdot (-19 + 16) - 12 : (-4) = 4 \cdot (-3) + 3 = -12 + 3 = -9$

d) $[-66 - (-48)] : [6 \cdot (-3)] : 2 = [-66 + 48] : (-18) : 2 = -18 : (-9) = 2$

e) $3 \cdot [15-(-3)] \cdot [-5+4] \cdot 2 - [8+(-5)] \cdot [-3-6] =$
$= 3 \cdot [15+3] \cdot [-1] \cdot 2 - [8-5] \cdot [-9] = 3 \cdot 18 \cdot (-2) - 3 \cdot (-9) =$
$= -108 + 27 = -81$

64. a) $6 - 10 = -4$　　　　　　　b) $14 - 6 = 8$

c) $32 + 12 = 44$　　　　　　d) $30 - 45 = -15$

e) $2 - 6 = -4$　　　　　　　f) $7 - 1 = 6$

g) $-25 + 30 = 5$　　　　　　h) $2 + 1 = 3$

i) $12 - 4 = 8$

65. a) $3 \cdot (4 - 2) = 3 \cdot 2 = 6$

b) $-5 \cdot (6 - 9) = -5 \cdot (-3) = 15$

c) $4 \cdot (-2 - 3) = 4 \cdot (-5) = -20$

d) $-2 \cdot (5 - 6 + 8) = -2 \cdot 7 = -14$

e) $12 \cdot [-13 - 10 - (-5)] = 12 \cdot [-13 - 10 + 5] = 12 \cdot (-18) = -216$

f) $7 \cdot [-8 + 4 - (-3) + 5 + (-9)] = 7 \cdot [-8 + 4 + 3 + 5 - 9] = 7 \cdot (-5) = -35$

66. a) $-12x$　　　　　　　　　b) $18x$

c) $-60x$　　　　　　　　d) $4x$

e) $-32a$　　　　　　　　f) $-64y : (-8) = 8y$

g) $-15a - 12b$　　　　　　h) $-3x + 12y$

i) $3x + 2y$　　　　　　　k) $-4x - 8 + 2 = -4x - 6$

l) $-32 \cdot (x - 3) - 6 = -32x + 96 - 6 = -32x + 90$

m) $-60 + 15x + 36 = 15x - 24$

n) $-2 \cdot (x - 1) + 3y - 6 = -2x + 2 + 3y - 6 = -2x + 3y - 4$

67. a) $[2 + (-2)] \cdot (-2) = [2 - 2] \cdot (-2) = -4 + 4 = 0$

b) $[4 \cdot (-2) - 5] \cdot 6 = [-8 - 5] \cdot 6 = -48 - 30 = -78$

c) $[3 - 2 \cdot (-2)] \cdot (-2) = [3 + 4] \cdot (-2) = -6 - 8 = -14$

d) $(12 - 18 - 2) \cdot (-4) = -8 \cdot (-4) = 32$

e) $[6 + 2 \cdot (-2)] : (-2) = [6 - 4] \cdot (-2) = -12 + 8 = -4$

f) $[-3 - 3 \cdot (-2)] : (-3) = [-3 + 6] : (-3) = 1 - 2 = -1$

g) $[5 - 11 - 3 \cdot (-2)] \cdot (-7) = [5 - 11 + 6] \cdot (-7) = -35 + 77 - 42 = 0$

h) $[-9 - 4 \cdot (-2) + 3] \cdot (-5) = [-9 + 8 + 3] \cdot (-5) = 45 - 40 - 15 = -10$

68. a) $[6 \cdot (-4) + 5] \cdot (-2) - [3 \cdot (-4) - 2] \cdot 4 + [2 - (-4)] : 3 =$
$= [-24 + 5] \cdot (-2) - [-12 - 2] \cdot 4 + [2 + 4] : 3 =$
$= -19 \cdot (-2) - (-14) \cdot 4 + 6 : 3 = 38 + 56 + 2 = 96$

b) $[3 - 2 \cdot (-4)] \cdot [4 + (-4)] - 6 \cdot [5 - (-4)] : (-2) =$
$= [3 + 8] \cdot [4 - 4] - 6 \cdot [5 + 4] : (-2) =$
$= 11 \cdot 0 - 6 \cdot 9 : (-2) = -54 : (-2) = 27$

c) $[12 - 3 \cdot (-4)] \cdot [6 \cdot (-4) + 18] - [10 - 5 \cdot (-4)] : (-2 - 4) =$
$= [12 + 12] \cdot [-24 + 18] - [10 + 20] : (-6) =$
$= 24 \cdot (-6) - 30 : (-6) = -144 + 5 = -139$

d) $[(-4) \cdot (-4) - (-4) \cdot (-4) \cdot (-4)] : (-4) + [6 \cdot (-4) - 5] =$
$= [16 + 64] : (-4) + [-24 - 5] =$
$= 80 : (-4) + [-29] = -20 - 29 = -49$

69. Fülle die Verknüpfungstabellen aus!

a)   a + b

+	+2	−4	1	0	−3	−1	← b
−3	−1	−7	−2	−3	−6	−4	
+3	5	−1	4	3	0	2	
0	2	−4	1	0	−3	−1	
−2	0	−6	−1	−2	−5	−3	
−4	−2	− 8	−3	−4	−7	−5	
+5	7	1	6	5	2	4	

a

b)   a − b

−	−5	−4	1	0	−2	6	← b
−1	4	3	−2	−1	1	−7	
−2	3	2	−3	−2	0	−8	
3	8	7	2	3	5	−3	
−4	1	0	−5	−4	−2	−10	
1	6	5	0	1	3	−5	
−5	0	−1	−6	−5	−3	−11	

a

70. Fülle die Verknüpfungstabellen aus!

a) $a \cdot b$

·	−4	−1	2	0	−3	4	← b
−2	8	2	−4	0	6	−8	
+3	−12	−3	6	0	−9	12	
−5	20	5	−10	0	15	−20	
−1	4	1	−2	0	3	−4	
+2	−8	−2	4	0	−6	8	
+5	−20	−5	10	0	−15	20	

↑
a

b) $a : b$

:	−2	−1	+4	+2	−4	+1	← b
−12	6	12	−3	− 6	3	−12	
0	0	0	0	0	0	0	
+16	−8	−16	4	8	−4	16	
−24	12	24	−6	−12	6	−24	
+8	−4	−8	2	4	−2	8	
−20	10	20	−5	−10	5	−20	

↑
a

71. Berechne für die angegebenen Belegungen die Werte des Terms
$T(a; b) = a : b - 2 \cdot a \cdot b$ und ergänze die Wertetabelle!

$T(-9; -3) = \underbrace{-9 : (-3)}_{} - \underbrace{2 \cdot (-9) \cdot (-3)}_{}$

$T = \quad 3 \quad - \quad 54 \quad = -51$

$T(84; -12) = 84 : (-12) - 2 \cdot 84 \cdot (-12)$
$T = -7 + 2016 = 2009$

$T(-36; -9) = (-36) : (-9) - 2 \cdot (-36) \cdot (-9)$
$T = 4 - 648 = -644$

$T(-48; 16) = (-48) : 16 - 2 \cdot (-48) \cdot 16$
$T = -3 + 1536 = 1533$

$T(35; 7) = 35 : 7 - 2 \cdot 35 \cdot 7$
$T = 5 - 490 = -485$

$T(-45; -15) = (-45) : (15) - 2 \cdot (-45) \cdot (-15)$
$T = 3 - 1350 = -1347$

a	b	T(a; b)
–9	–3	–51
84	–12	2 009
–36	–9	–644
–48	16	1 533
35	7	–485
–45	–15	–1 347

72. Bestimme den Wert des Terms T für
$T = a \cdot b \cdot g - 3 \cdot a \cdot b \cdot d \cdot e + 2 \cdot a - 3 \cdot b \cdot a \cdot e \cdot f \cdot c$

	a	b	c	d	e	f	g	Wert des Terms
1.	–1	3	–4	–5	1	$\lvert -2 \rvert$	–3	–110
2.	0	–2	3	$-\lvert -2 \rvert$	2	–4	–5	0
3.	–2	1	–3	–4	5	–6	–7	430
4.	1	0	2	–1	–2	–1	2	2

1. $(-1) \cdot 3 \cdot (-3) - 3 \cdot (-1) \cdot 3 \cdot (-5) \cdot 1 + 2 \cdot (-1) - 3 \cdot 3 \cdot (-1) \cdot \lvert -2 \rvert \cdot (-4)$
   $= \quad 9 \quad - \quad 45 \quad - \quad 2 \quad - \quad 72 \quad = -110$

2. $0 \cdot (-2) \cdot (-5) - 3 \cdot 0 \cdot (-2) \cdot [-\lvert -2 \rvert] \cdot 2 + 2 \cdot 0 - 3 \cdot (-2) \cdot 0 \cdot 2 \cdot (-4) \cdot 3$
   $= \quad 0 \quad - \quad 0 \quad + \quad 0 \quad - \quad 0 \quad = 0$

3. $-2 \cdot 1 \cdot (-7) - 3 \cdot (-2) \cdot 1 \cdot (-4) \cdot 5 + 2 \cdot (-2) - 3 \cdot 1 \, (-2) \cdot 5 \cdot (-6) \cdot (-3)$
=   14   −   120   −   4   +   540   = 430

4. $1 \cdot 0 \cdot 2 - 3 \cdot 1 \cdot 0 \cdot (-1) \cdot (-2) + 2 \cdot 1 - 3 \cdot 0 \cdot 1 \cdot (-2) \cdot (-1) \cdot 2$
=   0   −   0   +   2   −   0   = 2

73.

a − b

—	$|-3|$	−2	$-|-4|$	$|5|$	$|-1|$	$-|-3|$	$-|4|$	$|-12|$	−6	← b
$|-2|$	−1	4	6	−3	1	5	6	−10	8	
−3	−6	−1	1	−8	−4	0	1	−15	3	
$|-6|$	3	8	10	1	5	9	10	−6	12	
$|-3|$	0	5	7	−2	2	6	7	−9	9	
$-|-1|$	−4	1	3	−6	−2	2	3	−13	5	

↑
a

74.

a · b

·	$|-1|$	2	−3	$|-4|$	$-|-2|$	$|-5|$	$|-3|$	$|-6|$	−2	← b
−1	−1	−2	3	−4	2	−5	−3	−6	2	
$|-3|$	3	6	−9	12	−6	15	9	18	−6	
$-|-4|$	−4	−8	12	−16	8	−20	−12	−24	8	
$|-5|$	5	10	−15	20	−10	25	15	30	−10	
−6	−6	−12	18	−24	12	−30	−18	−36	12	

↑
a

75. 1) –9   2) –3   3) 8   4) –12   5) 3

76. $10 = 5 + (-4) + 8 + 1$ $50 = 4 \cdot 10 + 5 \cdot 2$
$10 = 8 + 10 : 5 + 0$ $50 = 10 \cdot 5 - 0 \cdot 8$
$10 = 16 - 4 - 2 + 0$ $50 = 16 \cdot 4 - 10 + (-4)$

77. $27 = 15 + 5 + 7 + 0$ $98 = 4 \cdot 25 - 2 \cdot 1$
$27 = 2 \cdot 20 - 10 - 3$ $98 = 4 \cdot 30 - 12 - 10$
$27 = 4 \cdot 7 + 1 \cdot (-1)$ $98 = 4 \cdot 20 + 15 + 3$

78. Start 1: –7; 68
Start 2: –74; –3
Ziel: –5 168

79. Start 1: –2; –5
Start 2: –11; 0; 6

80. 1) $\square = 4$ $\bigcirc = 2$

2) $\square = 3$

3) $\square = -8$

4) $\bigcirc = 2$ $\square = 3$ $\langle\rangle = 4$

5) $\bigcirc = 3$ $\square = 4$ $\langle\rangle = 5$

6) $\square = 10$ $\bigcirc = 6$ $\triangle = 4$

7) $\square = 3$ $\bigcirc = 4$ $\langle\rangle = 5$

8) $\square = 5$ $\bigcirc = 12$ $\langle\rangle = 13$

Bei den Aufgaben 6–8 könnte man auch die negativen Zahlen einsetzen!

81. $-3,1 \notin \mathbb{N},\ \notin \mathbb{N}_0,\ \notin \mathbb{Z},\ \notin \mathbb{Z}^-,\ \in \mathbb{Q}$

$-\dfrac{8}{2} \notin \mathbb{N},\ \notin \mathbb{N}_0,\ \in \mathbb{Z},\ \in \mathbb{Z}^-,\ \in \mathbb{Q}$ $\qquad\qquad -\dfrac{8}{2} = -4\,!$

$1\dfrac{1}{3} \notin \mathbb{N},\ \notin \mathbb{N}_0,\ \notin \mathbb{Z},\ \notin \mathbb{Z}^-,\ \in \mathbb{Q}$

$\dfrac{0}{5} \notin \mathbb{N},\ \in \mathbb{N}_0,\ \in \mathbb{Z},\ \notin \mathbb{Z}^-,\ \in \mathbb{Q}$ $\qquad\qquad \dfrac{0}{5} = 0\,!$

$4 \in \mathbb{N},\ \in \mathbb{N}_0,\ \in \mathbb{Z},\ \notin \mathbb{Z}^-,\ \in \mathbb{Q}$

$\dfrac{8}{11} \notin \mathbb{N},\ \notin \mathbb{N}_0,\ \notin \mathbb{Z},\ \notin \mathbb{Z}^-,\ \in \mathbb{Q}$

82. a) $-\dfrac{9}{10}$ bzw. $-0,9$ $\qquad$ b) $-\dfrac{3}{10}$ bzw. $-0,3$

c) $\dfrac{2}{10}$ bzw. $\dfrac{1}{5}$ bzw. $0,2$ $\qquad$ d) $\dfrac{7}{10}$ bzw. $0,7$

e) $1\dfrac{1}{4}$ bzw. $\dfrac{5}{4}$ bzw. $1,25$ $\qquad$ f) $1\dfrac{1}{2}$ bzw. $\dfrac{3}{2}$ bzw. $1,5$

83. a) f $\qquad\qquad$ b) w $\qquad\qquad$ c) w $\qquad\qquad$ d) w

e) w $\qquad\qquad$ f) f $\qquad\qquad$ g) w $\qquad\qquad$ h) w

84. a) $\mathbb{L} = \{6\}$ $\qquad\qquad\qquad\qquad$ b) $\mathbb{L} = \{106\}$

c) $x = 8 : 0,25$
$x = 32$
$\Rightarrow \mathbb{L} = \{32\}$

d) $x = 0 : (-8,3)$
$x = 0$
$\Rightarrow \mathbb{L} = \{0\}$

e) $x = \dfrac{-20}{-11} = \dfrac{20}{11} \notin \mathbb{N}_0$
$\Rightarrow \mathbb{L} = \{\ \}$

f) $x = \dfrac{-10}{2} = -5 \notin \mathbb{N}_0$
$\Rightarrow \mathbb{L} = \{\ \}$

g) $\mathbb{L} = \{11\}$

h) $\mathbb{L} = \{101\}$

85. a) $x = \dfrac{17}{3} \Rightarrow \mathbb{L} = \left\{ \dfrac{17}{3} \right\}$ b) $x = \dfrac{-32}{-5} = \dfrac{32}{5} \Rightarrow \mathbb{L} = \left\{ \dfrac{32}{5} \right\}$

c) $x = \dfrac{-96}{8} = -12 \Rightarrow \mathbb{L} = \{-12\}$ d) $x = \dfrac{-8}{-2} \Rightarrow \mathbb{L} = \{4\}$

e) $x = \dfrac{6}{1,5} \Rightarrow \mathbb{L} = \{4\}$ f) $x = \dfrac{18}{2,25} \Rightarrow \mathbb{L} = \{8\}$

g) $x = \dfrac{0}{-5} = 0 \Rightarrow \mathbb{L} = \{0\}$ h) $x = \dfrac{15}{8} \Rightarrow \mathbb{L} = \left\{ \dfrac{15}{8} \right\}$

86. a) $4 \cdot x = 3$ b) $2 \cdot x = -4$ oder z. B. $-3 \cdot x = 6$

c) $-5x = -8$ d) $6 \cdot x = -5$

e) $7 \cdot x = 2$ f) $-11 \cdot x = 5$

87. Der Quotient aus zwei Brüchen kann eine ganze Zahl sein.

z. B. $\dfrac{2,5}{0,5} = 5$, $\dfrac{3}{4} : \dfrac{1}{8} = 6$, $\dfrac{6,4}{-1,6} = -4$

88. a) $\dfrac{14}{7} = 2$ b) $\dfrac{-30}{7} \notin \mathbb{Z}$

c) $\dfrac{-120}{-20} = 6$ d) $\dfrac{100}{-24} \notin \mathbb{Z}$

e) $\dfrac{-324}{-18} = 18$ f) $\dfrac{24}{9} \notin \mathbb{Z}$

g) $\dfrac{153}{17} = 9$ h) $\dfrac{-506}{23} = -22$

i) $\dfrac{3}{2} \notin \mathbb{Z}$

89. a) $12\dfrac{7}{8} = \dfrac{12 \cdot 8}{8} + \dfrac{7}{8} = \underline{\underline{\dfrac{103}{8}}}$

b) $21\dfrac{15}{17} = \dfrac{21 \cdot 17}{17} + \dfrac{15}{17} = \underline{\underline{\dfrac{372}{17}}}$

c) $8\dfrac{23}{110} = \dfrac{8 \cdot 110}{110} + \dfrac{23}{110} = \underline{\underline{\dfrac{903}{110}}}$

90. a) $118 : 3 = 39$

9
$\overline{28}$
27
$\overline{1}$

$\dfrac{118}{3} = 39\underline{\underline{\dfrac{1}{3}}}$

b) $227 : 14 = 16$

14
$\overline{87}$
84
$\overline{3}$

$\dfrac{227}{14} = 16\underline{\underline{\dfrac{3}{14}}}$

c) $825 : 17 = 48$

68
$\overline{145}$
136
$\overline{9}$

$\dfrac{825}{17} = 48\underline{\underline{\dfrac{9}{17}}}$

d) $2324 : 27 = 86$

216
$\overline{164}$
162
$\overline{2}$

$\dfrac{2324}{27} = 86\underline{\underline{\dfrac{2}{27}}}$

91. a) 2 Z 5 E 1 h

b) 4 H 8 E 1 z 8 t

c) 1 HT 1 H 1 t

d) 8 z 2 h 3 t

e) 2 T 5 E 1 h 4 zt

f) 1 ZT 2 T 3 H 1 E 3 zt

92. a) 302,5

b) 3000303,03

c) 42002,5003

d) 5000000,05

93. a) 301,08

b) 42,14

c) 11,10

d) 0,824

e) 1,2507

f) 12,0

94. a) $0,23 = \dfrac{23}{100}$

b) $2,17 = 2\dfrac{17}{100} = \dfrac{217}{100}$

c) $3,08 = 3\dfrac{8}{100} = 3\dfrac{2}{25} = \dfrac{77}{25}$

d) $0,5 = \dfrac{5}{10} = \dfrac{1}{2}$

e) $21,2 = 21\frac{2}{10} = 21\frac{1}{5} = \frac{106}{5}$

f) $-3,23 = -3\frac{23}{100} = -\frac{323}{100}$

g) $0,005 = \frac{5}{1\,000} = \frac{1}{200}$

h) $-10,23 = -10\frac{23}{100} = -\frac{1\,023}{100}$

i) $217,1 = 217\frac{1}{10} = \frac{2\,171}{10}$

k) $0,345 = \frac{345}{1\,000} = \frac{69}{200}$

95. a) $\frac{3}{4} = 3 : 4 = 0,75$

b) $\frac{7}{15} = 7 : 15 = 0,46... = 0,4\overline{6}$

$$\begin{array}{r} 0 \\ \hline 70 \\ 60 \\ \hline 100 \\ 90 \\ \hline 100 \end{array}$$

c) $\frac{3}{5} = 3 : 5 = 0,6$

d) $\frac{22}{3} = 22 : 3 = 7,3... = 7,\overline{3}$

$$\begin{array}{r} 21 \\ \hline 10 \\ 9 \\ \hline 10 \end{array}$$

e) $4\frac{1}{5} = 4,2$

f) $-2\frac{5}{7} = -\frac{19}{7} =$

$-19 : 7 = -2,71428571... = -2,\overline{714285}$

$$\begin{array}{r} 14 \\ \hline 50 \\ 49 \\ \hline 10 \\ 7 \\ \hline 30 \\ 28 \\ \hline 20 \\ 14 \\ \hline 60 \\ 56 \\ \hline 40 \\ 35 \\ \hline 50 \\ 49 \\ \hline 10 \end{array}$$

g) $23\dfrac{5}{8} = \dfrac{189}{8} =$

$189 : 8 = 23,625$
$\underline{16}$
29
$\underline{24}$
50
$\underline{48}$
20
$\underline{16}$
40

h) $\dfrac{1}{11} = 1 : 11 = 0,0909\ldots = 0,\overline{09}$
$\underline{0}$
10
$\underline{0}$
100
$\underline{99}$
10
$\underline{0}$
100

i) $-15\dfrac{1}{4} = -15,25$

k) $210\dfrac{1}{8} \Rightarrow 1 : 8 = 0,125$
$\underline{0}$
10
$\underline{8}$
20
$\underline{16}$
40

$210\dfrac{1}{8} = 210,125$

l) $-8\dfrac{13}{15}$ $\qquad 13 : 15 = 0,866\ldots$
$\phantom{-8\frac{13}{15}}\underline{0}$
$\phantom{-8\frac{13}{15}}130$
$\phantom{-8\frac{13}{15}}\underline{120}$
$\phantom{-8\frac{13}{15}}100$
$\phantom{-8\frac{13}{15}}\underline{90}$
$\phantom{-8\frac{13}{15}}100$

$-8\dfrac{13}{15} = -8,8\overline{6}$

m) $2\dfrac{7}{12} = \dfrac{31}{12} = 31 : 12 = 2,5833\ldots = 2,58\overline{3}$
$\phantom{2\frac{7}{12}=\frac{31}{12}}\underline{24}$
$\phantom{2\frac{7}{12}=\frac{31}{12}}70$
$\phantom{2\frac{7}{12}=\frac{31}{12}}\underline{60}$
$\phantom{2\frac{7}{12}=\frac{31}{12}}100$
$\phantom{2\frac{7}{12}=\frac{31}{12}}\underline{96}$
$\phantom{2\frac{7}{12}=\frac{31}{12}}40$
$\phantom{2\frac{7}{12}=\frac{31}{12}}\underline{36}$
$\phantom{2\frac{7}{12}=\frac{31}{12}}40$

96. a) $0,\overline{4} = \dfrac{4}{9}$

b) $-0,\overline{2} = -\dfrac{2}{9}$

c) $0,\overline{02} = \dfrac{2}{99}$

d) $0,\overline{004} = \dfrac{4}{999}$

e) $1,\overline{7} = 1\dfrac{7}{9}$

f) $21,\overline{21} = 21\dfrac{21}{99} = 21\dfrac{7}{33}$

g) $-3,\overline{81} = -3\dfrac{81}{99} = -3\dfrac{9}{11}$

h) $100,\overline{100} = 100\dfrac{100}{999}$

i) $-2,\overline{0018} = -2\dfrac{18}{9\,999} = -2\dfrac{2}{1111}$

k) $1,\overline{93} = 1\dfrac{93}{99} = 1\dfrac{31}{33}$

l) $0,\overline{9} = \dfrac{9}{9} = 1$

m) $-5,\overline{198} = -5\dfrac{198}{999} = -5\dfrac{22}{111}$

97. a) $0,0\overline{4} = (0,0\overline{4} \cdot 10) : 10 = 0,\overline{4} : 10 = \dfrac{4}{9} : 10 = \dfrac{4}{90} = \dfrac{2}{45}$

b) $-0,00\overline{2} = (-0,00\overline{2} \cdot 100) : 100 = -0,\overline{2} : 100 = -\dfrac{2}{9} : 100 = -\dfrac{2}{900} = -\dfrac{1}{450}$

c) $1,1\overline{2} = (1,1\overline{2} \cdot 10) : 10 = 11,\overline{2} : 10 = 11\dfrac{2}{9} : 10 = \dfrac{101}{9} : 10 = \dfrac{101}{90}$

d) $1,11\overline{2} = (1,11\overline{2} \cdot 100) : 100 = 111,\overline{2} : 100 = 111\dfrac{2}{9} : 100 = \dfrac{1\,001}{900}$

e) $3,1\overline{2} = (3,1\overline{2} \cdot 10) : 10 = 31,\overline{2} : 10 = 31\dfrac{2}{9} : 10 = \dfrac{281}{90}$

f) $0,0\overline{72} = (0,0\overline{72} \cdot 10) : 10 = 0,\overline{72} : 10 = \dfrac{72}{99} : 10 = 10\dfrac{8}{11} : 10 = \dfrac{8}{110}$

g) $-5,3\overline{4} = (-5,3\overline{4} \cdot 10) : 10 = -53,\overline{4} : 10 = -53\dfrac{4}{9} : 10 = -\dfrac{481}{90}$

h) $-4,3\overline{45} = (-4,3\overline{45} \cdot 10):10 = -43,\overline{45}:10 = -43\dfrac{45}{99}:10 = -43\dfrac{5}{11}:10$

$= -\dfrac{478}{110} = -\dfrac{239}{55}$

i) $22,0\overline{2} = (22,0\overline{2} \cdot 10):10 = 220,\overline{2}:10 = 220\dfrac{2}{9}:10 = \dfrac{1\,982}{90} = \dfrac{991}{45}$

k) $412,1\overline{3} = (412,1\overline{3} \cdot 10):10 = 4\,121,\overline{3}:10 = 4\,121\dfrac{1}{3}:10 = \dfrac{12\,364}{30} = \dfrac{6\,182}{15}$

98. a) $\dfrac{3}{8} = \dfrac{18}{48} \qquad \dfrac{3}{8} = \dfrac{27}{72} \qquad \dfrac{3}{8} = \dfrac{108}{288}$

b) $\dfrac{17}{3} = \dfrac{272}{48} \qquad \dfrac{17}{3} = \dfrac{408}{72} \qquad \dfrac{17}{3} = \dfrac{1\,632}{288}$

c) $\dfrac{11}{6} = \dfrac{88}{48} \qquad \dfrac{11}{6} = \dfrac{132}{72} \qquad \dfrac{11}{6} = \dfrac{528}{288}$

d) $\dfrac{5}{12} = \dfrac{20}{48} \qquad \dfrac{5}{12} = \dfrac{30}{72} \qquad \dfrac{5}{12} = \dfrac{120}{288}$

99. a) $\dfrac{24}{8} = \dfrac{264}{88}$ \qquad b) $\dfrac{3}{7} = \dfrac{27}{63}$

c) $\dfrac{11}{3} = \dfrac{451}{123}$ \qquad d) $\dfrac{5}{4} = \dfrac{505}{404}$

e) $\dfrac{33}{5} = \dfrac{1\,320}{200}$ \qquad f) $\dfrac{2}{9} = \dfrac{24}{108}$

g) $\dfrac{4}{7} = \dfrac{48}{84}$ \qquad h) $\dfrac{2}{13} = \dfrac{26}{169}$

100. $\dfrac{14}{12} = \dfrac{7}{6}$; $\dfrac{23}{69} = \dfrac{1}{3}$; $\dfrac{31}{17}$ läßt sich nicht kürzen.

$\dfrac{120}{52} = \dfrac{60}{26} = \dfrac{30}{13}$; $\dfrac{315}{15} = \dfrac{63}{3} = 21$; $\dfrac{1\,024}{60} = \dfrac{256}{15}$

$: 4$

$$\frac{4\,122}{27} = \frac{458}{3} \quad ; \quad \frac{1\,000}{512} = \frac{250}{128} = \frac{125}{64} \quad ; \quad \frac{78}{91} = \frac{6}{7}$$

$$: 9 \qquad\qquad\qquad : 4 \qquad : 2 \qquad\qquad : 13$$

$$\frac{171}{95} = \frac{9}{5} \quad ; \quad \frac{111}{259} = \frac{3}{7} \quad ; \quad \frac{287}{451} = \frac{7}{11}$$

$$: 19 \qquad\quad : 37 \qquad\qquad : 41$$

101. a) $\dfrac{\cancel{5} \cdot \cancel{3} \cdot \cancel{18} \cdot 25}{\cancel{10} \cdot \cancel{5} \cdot \cancel{15} \cdot 20} \Big| \dfrac{1 \cdot \cancel{5} \cdot 9}{\cancel{5} \cdot 2 \cdot 10} = \dfrac{9}{20}$

b) $\dfrac{\cancel{15} \cdot 21 \cdot 3 \cdot \cancel{8} \cdot \cancel{48}}{\cancel{4} \cdot \cancel{27} \cdot \cancel{16} \cdot 35 \cdot \cancel{2}} \Big| \dfrac{\cancel{3} \cdot \cancel{3} \cdot \cancel{7} \cdot 3}{1 \cdot \cancel{7} \cdot \cancel{9}} = 3$

c) $\dfrac{\cancel{64} \cdot \cancel{17} \cdot \cancel{14} \cdot \cancel{9} \cdot 120}{24 \cdot \cancel{63} \cdot \cancel{98} \cdot \cancel{2} \cdot 100 \cdot \cancel{51}} \Big| \dfrac{1 \cdot \cancel{5} \cdot 1 \cdot 1 \cdot 32}{3 \cdot 1 \cdot 7 \cdot 7 \cdot 1 \cdot \cancel{100}} \Big| \dfrac{1 \cdot 32}{\cancel{20} \cdot 3 \cdot 7 \cdot 7} \Big| \dfrac{8}{\cancel{5}} = \dfrac{8}{735}$

d) $\dfrac{\cancel{8} \cdot 24 \cdot \cancel{15} \cdot 100 \cdot \cancel{60} \cdot \cancel{4} \cdot \cancel{8}}{60 \cdot \cancel{40} \cdot 120 \cdot 48 \cdot \cancel{16} \cdot \cancel{12}} \Big| \dfrac{1 \cdot 1 \cdot 1 \cdot 1 \cdot \cancel{2} \cdot 100}{\cancel{2} \cdot 8 \cdot 2 \cdot \cancel{10} \cdot 3} \Big| \dfrac{\cancel{10}}{8 \cdot \cancel{2} \cdot 3} \Big| \dfrac{5}{1} = \dfrac{5}{24}$

102. a) $\dfrac{28}{6} = \boxed{\dfrac{14}{3}}$ b) $\dfrac{5}{12} = \dfrac{45}{108}$ c) $\boxed{\dfrac{51}{136}} = \dfrac{3}{8}$

$\quad\qquad : 2 \qquad\qquad\qquad \boxed{9} \qquad\qquad\qquad 17$

d) $\dfrac{7}{18} = \boxed{\dfrac{84}{216}}$ e) $\dfrac{92}{391} = \dfrac{4}{17}$ f) $\boxed{\dfrac{2}{9}} = \dfrac{30}{135}$

$\quad\qquad 12 \qquad\qquad\qquad \boxed{23} \qquad\qquad\qquad \cdot 15$

g) $\dfrac{24}{112} = \boxed{\dfrac{6}{28}}$
  $: 4$

h) $\dfrac{3}{7} = \dfrac{63}{147}$
  $\boxed{21}$

i) $\boxed{\dfrac{126}{261}} = \dfrac{14}{29}$
  $: 9$

k) $\dfrac{112}{41} = \dfrac{672}{246}$
  $\cdot \boxed{6}$

103. a) $\quad \dfrac{3}{4} \qquad \dfrac{5}{6}$
  $\downarrow \qquad \downarrow$
  $\dfrac{9}{12} < \dfrac{10}{12}$

  $\Rightarrow \dfrac{3}{4} < \dfrac{5}{6}$

b) $\quad \dfrac{5}{8} \qquad \dfrac{7}{10}$
  $\downarrow \qquad \downarrow$
  $\dfrac{25}{40} < \dfrac{28}{40}$

  $\Rightarrow \dfrac{5}{8} < \dfrac{7}{10}$

c) $\quad \dfrac{11}{15} \qquad \dfrac{13}{20}$
  $\downarrow \qquad \downarrow$
  $\dfrac{44}{60} > \dfrac{39}{60}$

  $\Rightarrow \dfrac{13}{20} < \dfrac{11}{15}$

d) $\quad \dfrac{5}{9} \qquad \dfrac{17}{30}$
  $\downarrow \qquad \downarrow$
  $\dfrac{50}{90} < \dfrac{51}{90}$

  $\Rightarrow \dfrac{5}{9} < \dfrac{17}{30}$

104. a) $\dfrac{3}{4}$, $\dfrac{5}{6}$, $\dfrac{4}{5}$, $\dfrac{11}{14}$

↓ ↓ ↓ ↓

$\dfrac{315}{420}$, $\dfrac{350}{420}$, $\dfrac{336}{420}$, $\dfrac{330}{420}$

$$
\begin{aligned}
4 &= 2 \cdot 2 \\
6 &= 2 \quad\;\; 3 \\
5 &= \qquad\quad 5 \\
14 &= 2 \qquad\qquad 7 \\
\hline
HN &= 2 \cdot 2 \cdot 3 \cdot 5 \cdot 7 \\
HN &= 420
\end{aligned}
$$

$\dfrac{315}{420} < \dfrac{330}{420} < \dfrac{336}{420} < \dfrac{350}{420}$

$\Rightarrow \dfrac{3}{4} < \dfrac{11}{14} < \dfrac{4}{5} < \dfrac{5}{6}$

b) $\dfrac{7}{9}$, $\dfrac{5}{6}$, $\dfrac{8}{15}$, $\dfrac{12}{25}$

↓ ↓ ↓ ↓

$\dfrac{350}{450}$, $\dfrac{375}{450}$, $\dfrac{240}{450}$, $\dfrac{216}{450}$

$$
\begin{aligned}
9 &= 3 \cdot 3 \\
6 &= 3 \quad\;\; \cdot 2 \\
15 &= 3 \qquad\quad \cdot 5 \\
25 &= \qquad\qquad 5 \cdot 5 \\
\hline
HN &= 3 \cdot 3 \cdot 2 \cdot 5 \cdot 5 \\
HN &= 450
\end{aligned}
$$

$\dfrac{216}{450} < \dfrac{240}{450} < \dfrac{350}{450} < \dfrac{375}{450}$

$\Rightarrow \dfrac{12}{25} < \dfrac{8}{15} < \dfrac{7}{9} < \dfrac{5}{6}$

105. a) $\dfrac{\square}{4} < \dfrac{7}{8}$

$\dfrac{2 \cdot \square}{8} < \dfrac{7}{8}$

$2 \cdot \square < 7$

$\mathbb{L} = \{0; 1; 2; 3\}$

b) $\dfrac{3}{\square} > \dfrac{5}{11}$

$\dfrac{15}{5 \cdot \square} > \dfrac{15}{33}$

$5 \cdot \square < 33$

$\mathbb{L} = \{1; 2; 3; 4; 5; 6\}$ ohne Null!

c) $\dfrac{2}{3} > \dfrac{\square}{5}$

$\dfrac{10}{15} > \dfrac{3 \cdot \square}{15}$

$3 < 3 \cdot \square$

$\mathbb{L} = \{4; 5; 6\}$

d) $\dfrac{11}{9} < \dfrac{3}{\square}$

$\dfrac{33}{27} < \dfrac{33}{11 \cdot \square}$

$27 > 11 \cdot \square$

$\mathbb{L} = \{1; 2\}$ ohne Null!

e) $\dfrac{3 \cdot \square}{8} < 5$

$\dfrac{3 \cdot \square}{8} < \dfrac{40}{8}$

$3 \cdot \square < 40$

$\mathbb{L} = \{0;\ 1;\ ...;\ 13\}$

f) $\dfrac{5}{3 \cdot \square} > \dfrac{15}{8}$

$\dfrac{15}{9 \cdot \square} > \dfrac{15}{8}$

$9 \cdot \square < 8$

$\mathbb{L} = \{\ \}$ Null nicht erlaubt!

g) $\dfrac{15}{4} < \dfrac{4 \cdot \square}{3}$

$\dfrac{45}{12} < \dfrac{16 \cdot \square}{12}$

$45 < 16 \cdot \square$

$\mathbb{L} = \{3;\ 4;\ ...\}$

h) $\dfrac{2}{11} \geq \dfrac{\square}{7}$

$\dfrac{14}{77} \geq \dfrac{11 \cdot \square}{77}$

$14 \geq 11 \cdot \square$

$\mathbb{L} = \{0;\ 1\}$

i) $7 < \dfrac{5 \cdot \square}{3}$

$\dfrac{21}{3} < \dfrac{5 \cdot \square}{3}$

$21 < 5 \cdot \square$

$\mathbb{L} = \{5;\ 6;\ ...\}$

k) $\dfrac{1}{8} \geq \dfrac{\square}{4}$

$\dfrac{1}{8} \geq \dfrac{2 \cdot \square}{8}$

$1 \geq 2 \cdot \square$

$\mathbb{L} = \{0\}$

l) $\dfrac{5}{9} > \dfrac{5}{\square \cdot \square}$

$9 < \square \cdot \square$

$\mathbb{L} = \{4;\ 5;\ ...\}$

m) $\dfrac{23}{\square \cdot \square} > \dfrac{46}{3}$

$\dfrac{46}{2 \cdot \square \cdot \square} > \dfrac{46}{3}$

$2 \cdot \square \cdot \square < 3$

$\mathbb{L} = \{1\}$ ohne Null!

106. a) $\dfrac{\square}{8} < \dfrac{5}{6}$

$\dfrac{3 \cdot \square}{24} < \dfrac{20}{24}$

$3 \cdot \square < 20$

$\mathbb{L} = \{\ldots\, 5;\, 6\}$

b) $\dfrac{4}{9} > \dfrac{\square}{12}$

$\dfrac{16}{36} > \dfrac{3 \cdot \square}{36}$

$16 > 3 \cdot \square$

$\mathbb{L} = \{\ldots\, 4;\, 5\}$

c) $\dfrac{10}{7} > \dfrac{6}{\square}$

$\dfrac{30}{21} > \dfrac{30}{5 \cdot \square}$

$21 < 5 \cdot \square$

$\mathbb{L} = \{5;\, 6;\, \ldots\}$

d) $\dfrac{2 \cdot \square}{3} < \dfrac{2}{5}$

$\dfrac{10 \cdot \square}{15} < \dfrac{6}{15}$

$10 \cdot \square < 6$

$\mathbb{L} = \{\ldots\, -2;\, -1;\, 0\}$

e) $\dfrac{4}{7} > \dfrac{2 \cdot \square}{3}$

$\dfrac{12}{21} > \dfrac{14 \cdot \square}{21}$

$12 > 14 \cdot \square$

$\mathbb{L} = \{\ldots\, -1;\, 0\}$

f) $-5 < \dfrac{\square}{5}$

$\dfrac{-25}{5} < \dfrac{\square}{5}$

$-25 < \square$

$\mathbb{L} = \{-24;\, -23;\, \ldots\}$

g) $\dfrac{5}{2} > \dfrac{4}{5 \cdot \square}$

$\dfrac{20}{8} > \dfrac{20}{25 \cdot \square}$

$8 > 25 \cdot \square$

$\mathbb{L} = \{\ldots;\, -3;\, -2;\, -1\}$ ohne Null!

h) $\dfrac{\square \cdot \square}{3} < -8$

$\dfrac{\square \cdot \square}{3} < \dfrac{-24}{3}$

$\square \cdot \square < -24$

$\mathbb{L} = \{\ \}$ Auch das Produkt von zwei negativen Zahlen ist positiv!

107. a) $20 = 2 \cdot 2 \cdot 5$
            $30 = 2 \cdot \quad\; 5 \cdot 3$
            $40 = 2 \cdot 2 \cdot 5 \cdot \quad\quad 2$
          $\overline{\text{kgV} = 2 \cdot 2 \cdot 5 \cdot 3 \cdot 2}$
          $\text{kgV} = 120$

b) $24 = 2 \cdot 2 \cdot 2 \cdot 3$
        $30 = 2 \cdot \quad\quad\; 3 \cdot 5$
        $36 = 2 \cdot 2 \quad\quad 3 \cdot \quad\quad 3$
      $\overline{\text{kgV} = 2 \cdot 2 \cdot 2 \cdot 3 \cdot 5 \cdot 3}$
      $\text{kgV} = 360$

c) $30 = 2 \cdot 3 \cdot 5$
            $45 = \quad\;\; 3 \cdot 5 \cdot 3$
            $80 = 2 \cdot \quad\; 5 \cdot \quad 2 \cdot 2 \cdot 2$
          $\overline{\text{kgV} = 2 \cdot 3 \cdot 5 \cdot 3 \cdot 2 \cdot 2 \cdot 2}$
          $\text{kgV} = 720$

d) $20 = 2 \cdot 2 \cdot 5$
        $25 = \quad\quad\quad 5 \cdot 5$
        $30 = 2 \cdot \quad\;\; 5 \quad\quad\;\; \cdot 3$
      $\overline{\text{kgV} = 2 \cdot 2 \cdot 5 \cdot 5 \cdot 3}$
      $\text{kgV} = 300$

108. a) $4 = 2 \cdot 2$
           $6 = 2 \quad\quad\; \cdot 3$
          $18 = 2 \cdot \quad\; 3 \cdot 3$
          $20 = 2 \cdot 2 \quad\quad\quad \cdot 5$
        $\overline{\text{kgV} = 2 \cdot 2 \cdot 3 \cdot 3 \cdot 5}$
        $\text{kgV} = 180$

b) $4 = 2 \cdot 2$
        $14 = 2 \quad\quad\; \cdot 7$
        $20 = 2 \cdot 2 \cdot \quad\quad\; 5$
        $30 = 2 \cdot \quad\quad\quad 5 \cdot 3$
      $\overline{\text{kgV} = 2 \cdot 2 \cdot 7 \cdot 5 \cdot 3}$
      $\text{kgV} = 420$

109. $24 = 2 \cdot 2 \cdot 2 \cdot 3$
        $30 = 2 \cdot \quad\quad\quad 3 \cdot 5$
        $42 = 2 \cdot \quad\quad\quad 3 \cdot \quad 7$
        $64 = 2 \cdot 2 \cdot 2 \quad\quad\quad\quad\;\; 2 \cdot 2 \cdot 2$
        $80 = 2 \cdot 2 \cdot 2 \cdot \quad 5 \quad\quad 2$
        $96 = 2 \cdot 2 \cdot 2 \cdot 3 \quad\quad\quad 2 \cdot 2$
     $\overline{\text{kgV} = 2 \cdot 2 \cdot 2 \cdot 3 \cdot 5 \cdot 7 \cdot 2 \cdot 2 \cdot 2}$
     $\text{kgV} = 6\,720$

110. $80 = 2 \cdot 2 \cdot 2 \cdot 2 \cdot 5$
        $70 = 2 \quad\quad\quad\quad\; 5 \cdot 7$
        $60 = 2 \cdot 2 \quad\quad\quad 5 \quad\quad 3$
     $\overline{\text{kgV} = 2 \cdot 2 \cdot 2 \cdot 2 \cdot 5 \cdot 7 \cdot 3}$
     $\text{kgV} = 1\,680$

a) Sie sind nach 1 680 cm = 16,8 m wieder im Schritt.

b) 1 680 : 80 = 21 Schritte macht Vater
     1 680 : 70 = 24 Schritte macht der Sohn
     1 680 : 60 = 28 Schritte macht die Tochter

111.

$$50 = 5 \cdot 5 \cdot 2$$
$$45 = 5 \qquad\quad 3 \cdot 3$$
$$\overline{\text{kgV} = 5 \cdot 5 \cdot 2 \cdot 3 \cdot 3}$$
$$\text{kgV} = 450$$

a) Nach 450 Sekunden treffen sie wieder an der Startlinie zusammen.

b) $450 : 50 = 9$ Runden läuft Thomas.
   $450 : 45 = 10$ Runden läuft Stefan.

c) $300 \cdot \ \ 9 = 2\,700$ m läuft Thomas.
   $300 \cdot 10 = 3\,000$ m läuft Stefan.

112. a) $\dfrac{3}{4} - \dfrac{5}{6} = \dfrac{9}{12} - \dfrac{10}{12} = -\dfrac{1}{12}$

b) $\dfrac{5}{14} + \dfrac{3}{21} = \dfrac{15}{42} + \dfrac{6}{42} = \dfrac{21}{42} = \dfrac{1}{2}$

c) $4\dfrac{1}{2} - 8\dfrac{1}{3} = \dfrac{9}{2} - \dfrac{25}{3} = \dfrac{27}{6} - \dfrac{50}{6} = -\dfrac{23}{6} \left(= -3\dfrac{5}{6} \right)$

d) $-\dfrac{4}{9} + \dfrac{5}{12} = -\dfrac{16}{36} + \dfrac{15}{36} = -\dfrac{1}{36}$

e) $\dfrac{3}{7} - 2\dfrac{1}{3} = \dfrac{3}{7} - \dfrac{7}{3} = \dfrac{9}{21} - \dfrac{49}{21} = -\dfrac{40}{21} \left(= -1\dfrac{19}{21} \right)$

f) $\dfrac{24}{11} - \dfrac{5}{44} = \dfrac{96}{44} - \dfrac{5}{44} = \dfrac{91}{44} \left(= 2\dfrac{3}{44} \right)$

g) $15\dfrac{3}{4} - 22\dfrac{1}{8} = \dfrac{63}{4} - \dfrac{177}{8} = \dfrac{126}{8} - \dfrac{177}{8} = -\dfrac{51}{8} \left(= -6\dfrac{3}{8} \right)$

h) $-\dfrac{5}{9} - \dfrac{17}{12} = -\dfrac{20}{36} - \dfrac{51}{36} = -\dfrac{71}{36} \left(= -1\dfrac{35}{36} \right)$

113. a) $3\dfrac{1}{2} - 4\dfrac{1}{6} + \dfrac{5}{8} = \dfrac{7}{2} - \dfrac{25}{6} + \dfrac{5}{8} = \dfrac{84}{24} - \dfrac{100}{24} + \dfrac{15}{24} = -\dfrac{1}{24}$

b) $-5\dfrac{1}{3} + \dfrac{22}{9} - \dfrac{5}{12} = -\dfrac{16}{3} + \dfrac{22}{9} - \dfrac{5}{12} = -\dfrac{192}{36} + \dfrac{88}{36} - \dfrac{15}{36} = -\dfrac{119}{36}$

$\left(= -3\dfrac{11}{36} \right)$

c) $33\frac{1}{3} - 5\frac{4}{5} + \frac{83}{6} = \frac{100}{3} - \frac{29}{5} + \frac{83}{6} = \frac{1\,000}{30} - \frac{174}{30} + \frac{415}{30} = \frac{1\,241}{30}$

$\left(= 41\frac{11}{30}\right)$

d) $\frac{4}{9} - \frac{5}{6} + 2\frac{1}{3} - \frac{25}{12} = \frac{4}{9} - \frac{5}{6} + \frac{7}{3} - \frac{25}{12} = \frac{16}{36} - \frac{30}{36} + \frac{84}{36} - \frac{75}{36} = -\frac{5}{36}$

e) $\frac{23}{5} - 5 + \frac{7}{10} + 2\frac{1}{2} = \frac{23}{5} - 5 + \frac{7}{10} + \frac{5}{2} = \frac{46}{10} - \frac{50}{10} + \frac{7}{10} + \frac{25}{10} = \frac{28}{10} = \frac{14}{5}$

$\left(= 2\frac{4}{5}\right)$

f) $-\frac{5}{9} + \frac{17}{12} - \frac{8}{21} + 5\frac{1}{3} = -\frac{5}{9} + \frac{17}{12} - \frac{8}{21} + \frac{16}{3} =$

$= \frac{-5 \cdot 28 + 17 \cdot 21 - 8 \cdot 12 + 16 \cdot 84}{252} =$

$= \frac{-140 + 357 - 96 + 1\,344}{252} = \frac{1\,465}{252}\left(= 5\frac{205}{252}\right)$

$$\begin{array}{l} 9 = 3 \cdot 3 \\ 12 = 3 \quad\;\; \cdot 2 \cdot 2 \\ 21 = 3 \qquad\qquad\;\; 7 \\ 3 = 3 \\ \hline \text{HN} = 3 \cdot 3 \cdot 2 \cdot 2 \cdot 7 \\ \text{HN} = 252 \end{array}$$

114. a) 239,2792   b) 3,9821

c) –51,628   d) 1,99282

e) –212,7216   f) –383,5571

115. a) 19157,735   b) 31756,448

c) 26143,086

116. a) $\frac{25}{4} - 0,25 + 3\frac{1}{2} + 0,2 = \frac{25}{4} - \frac{1}{4} + \frac{7}{2} + \frac{1}{5} = \frac{125}{20} - \frac{5}{20} + \frac{70}{20} + \frac{4}{20}$

$= \frac{194}{20} = \frac{97}{10}\left(= 9\frac{7}{10}\right)$

b) $3,6 - \dfrac{5}{4} - \dfrac{15}{8} + 1,5 = 3,6 - 1,25 - 1,875 + 1,5 = 1,975$

oder:

$$\dfrac{36}{10} - \dfrac{5}{4} - \dfrac{15}{8} + \dfrac{3}{2} = \dfrac{144}{40} - \dfrac{50}{40} - \dfrac{75}{40} + \dfrac{60}{40} = \dfrac{79}{40}\left(= 1\dfrac{39}{40}\right)$$

c) $24\dfrac{1}{2} - 3,5 + \dfrac{3}{4} + \dfrac{5}{8} = \dfrac{49}{2} - \dfrac{7}{2} + \dfrac{3}{4} + \dfrac{5}{8} = \dfrac{196 - 28 + 6 + 5}{8} = \dfrac{179}{8}$

$$\left(= 22\dfrac{3}{8}\right)$$

d) $5\dfrac{1}{3} - 0,4 - \dfrac{1}{8} + 2,5 - \dfrac{1}{3} = \dfrac{16}{3} - \dfrac{4}{10} - \dfrac{1}{8} + \dfrac{5}{2} - \dfrac{1}{3}$

$$= \dfrac{640 - 48 - 15 + 300 - 40}{120} = \dfrac{837}{120}$$

$$= \dfrac{279}{40}\left(= 6\dfrac{39}{40}\right)$$

e) $22\dfrac{1}{2} - 4,3 - 1 + \dfrac{5}{4} - 25\dfrac{3}{5} = \dfrac{45}{2} - \dfrac{43}{10} - 1 + \dfrac{5}{4} - \dfrac{128}{5}$

$$= \dfrac{450 - 86 - 20 + 25 - 512}{10}$$

$$= -\dfrac{143}{20}\left(= -7\dfrac{3}{20}\right)$$

f) $100 - 52\dfrac{1}{4} + 0,8 - \dfrac{4}{5} - 2\dfrac{1}{2} = 100 - 52,25 + 0,8 - 0,8 - 2,5 = 45,25$

117. a) Anzahl aller Schüler: x

Note 3 erhielten: $\dfrac{1}{4}x$

Note 4 erhielten: $\dfrac{2}{7}x$

Note 5 erhielten: $\dfrac{1}{14}x$

Ansatz:

$$x - \left(\frac{1}{4}x + \frac{2}{7}x + \frac{1}{14}x \right) = 11$$

$$x - \left(\frac{7}{28}x + \frac{8}{28}x + \frac{2}{28}x \right) = 11$$

$$x - \frac{17}{28}x = 11$$

$$\frac{28}{28}x - \frac{17}{28}x = 11$$

$$\frac{11}{28}x = 11$$

$$x = 11 \cdot \frac{28}{11}$$

$$x = 28$$

Es sind 28 Schüler in der Klasse,

oder:

$\frac{1}{4} + \frac{2}{7} + \frac{1}{14} = \frac{17}{28}$ der Schüler erhielten die Noten 3, 4, 5.

11 Schüler erhielten die Note 2: $\frac{17}{28} + \frac{11}{28} = \frac{28}{28}$ (ganze Klasse) $\Rightarrow$

die Klasse hat also 28 Schüler.

b) Note 3: $\frac{1}{4} \cdot 28 = 7$ Schüler

Note 4: $\frac{2}{7} \cdot 28 = 8$ Schüler

Note 5: $\frac{1}{14} \cdot 28 = 2$ Schüler

Note 2: $\underline{11 \text{ Schüler}}$

28 Schüler

c) $11 \cdot 2 + 7 \cdot 3 + 8 \cdot 4 + 2 \cdot 5 = 85$

$85 : 28 = 3,035...$

$\underline{84}$

100

$\underline{84}$ Notendurchschnitt: 3,04

160

$\underline{140}$

20

118. a) $\dfrac{\overset{}{\cancel{3}}}{\cancel{4}} \cdot \dfrac{\overset{6}{\cancel{24}}}{\underset{5}{\cancel{15}}} = \dfrac{6}{5}\left(=1\dfrac{1}{5}\right)$

b) $4\dfrac{1}{2} \cdot 5\dfrac{2}{3} = \dfrac{\overset{3}{\cancel{9}}}{2} \cdot \dfrac{17}{\cancel{3}} = \dfrac{51}{2}\left(=25\dfrac{1}{2}\right)$

c) $\dfrac{10}{\cancel{17}} \cdot \dfrac{\overset{5}{\cancel{85}}}{3} = \dfrac{50}{3}\left(=16\dfrac{2}{3}\right)$

d) $\dfrac{3}{8} \cdot \dfrac{20}{39} = \dfrac{1\cdot 5}{2\cdot 13} = \dfrac{5}{26}$

e) $5\dfrac{3}{11} \cdot 10\dfrac{33}{35} = \dfrac{58}{11} \cdot \dfrac{383}{35} = \dfrac{22\,214}{385}\left(=57\dfrac{269}{385}\right)$

f) $\dfrac{202}{65} \cdot \left(-\dfrac{91}{64}\right) = -\dfrac{202\cdot 91}{65\cdot 64} = -\dfrac{101\cdot 7}{5\cdot 32} = -\dfrac{707}{160}\left(=-4\dfrac{67}{160}\right)$

g) $\dfrac{3}{4} \cdot \dfrac{5}{9} \cdot \dfrac{10}{7} \cdot \dfrac{21}{11} = \dfrac{\cancel{3}\cdot 5\cdot \overset{5}{\cancel{10}}\cdot \overset{3}{\cancel{21}}}{\underset{2}{\cancel{4}}\cdot \cancel{9}\cdot \cancel{7}\cdot 11} = \dfrac{25}{22}\left(=1\dfrac{3}{22}\right)$

h) $\dfrac{34}{3} \cdot \left(-\dfrac{12}{68}\right) \cdot \dfrac{9}{16} \cdot \dfrac{120}{7} \cdot \dfrac{5}{24} = -\dfrac{34\cdot \overset{3}{\cancel{12}}\cdot \overset{3}{\cancel{9}}\cdot \overset{5}{\cancel{120}}\cdot 5}{\cancel{3}\cdot \underset{2}{\cancel{68}}\cdot \underset{4}{\cancel{16}}\cdot 7\cdot \cancel{24}} = -\dfrac{3\cdot 3\cdot 5\cdot 5}{2\cdot 4\cdot 7}$

$$= -\dfrac{225}{56}\left(=-4\dfrac{1}{56}\right)$$

i) $\dfrac{12}{5} \cdot \left(-\dfrac{3}{16}\right) \cdot \dfrac{128}{15} \cdot \dfrac{9}{64} \cdot \dfrac{7}{3} \cdot \left(-\dfrac{22}{35}\right) = \dfrac{\overset{3}{\cancel{12}}\cdot \cancel{3}\cdot \overset{2}{\cancel{128}}\cdot \overset{3}{\cancel{9}}\cdot \cancel{7}\cdot 22}{5\cdot \underset{4}{\cancel{16}}\cdot \underset{5}{\cancel{15}}\cdot \cancel{64}\cdot \underset{5}{\cancel{3}}\cdot \cancel{35}} = \dfrac{3\cdot \cancel{2}\cdot 3\cdot 22}{5\cdot \cancel{4}\cdot 5\cdot 5}$

$$= \dfrac{3\cdot 3\cdot \overset{11}{\cancel{22}}}{5\cdot \cancel{2}\cdot 5\cdot 5} = \dfrac{3\cdot 3\cdot 11}{5\cdot 5\cdot 5} = \dfrac{99}{125}$$

119. a) $\dfrac{3,8 \cdot 2,5}{}$
76
190
$\overline{9,50}$

b) $\quad$ 310,31

c) $\quad$ –9,84

d) 281,504

e) 853,974

f) 1352,9025

g) $\dfrac{305,008 \cdot 0,007}{2,135056}$

h) $\dfrac{175,12 \cdot 23,48}{}$
35024
52536
70048
140096
$\overline{4111,8176}$

120. a) $3 : \dfrac{7}{9} = 3 \cdot \dfrac{9}{7} = \dfrac{27}{7}$

b) $\dfrac{15}{8} : \dfrac{35}{24} = \dfrac{\overset{3}{\cancel{15}} \cdot \overset{3}{\cancel{24}}}{\cancel{8} \cdot \underset{7}{\cancel{35}}} = \dfrac{9}{7} \left(= 1\dfrac{2}{7} \right)$

c) $\dfrac{5}{3} : \left(-\dfrac{130}{9} \right) = -\dfrac{5 \cdot 9}{3 \cdot 130} = -\dfrac{3}{26}$

d) $\left(-3\dfrac{1}{2} \right) : \left(-2\dfrac{1}{4} \right) = \dfrac{7 \cdot 4}{2 \cdot 9} = \dfrac{14}{9}$

e) $\dfrac{234}{45} : \dfrac{2}{9} = \dfrac{234 \cdot 9}{45 \cdot 2} = \dfrac{117}{5} \left(= 23\dfrac{2}{5} \right)$

f) $\left(4\dfrac{1}{3} : 2 \right) : \dfrac{1}{5} = \dfrac{13}{3 \cdot 2} \cdot 5 = \dfrac{65}{6} \left(= 10\dfrac{5}{6} \right)$

g) $\dfrac{1\,008}{14} : \dfrac{999}{56} = \dfrac{1\,008 \cdot 56}{14 \cdot 999} = \dfrac{112 \cdot 4}{111} = \dfrac{448}{111} \left(= 4\dfrac{4}{111} \right)$

h) $-4\dfrac{3}{8} : 44\dfrac{5}{8} = -\dfrac{35}{8} : \dfrac{357}{8} = -\dfrac{35 \cdot 8}{8 \cdot 357} = -\dfrac{5}{51}$

i) $\left(\dfrac{32}{15} : \dfrac{30}{7} \right) : \left(-\dfrac{16}{45} \right) = -\dfrac{32 \cdot 7 \cdot 45}{15 \cdot 30 \cdot 16} = -\dfrac{2 \cdot 7 \cdot 3}{30} = -\dfrac{7}{5} \left(= -1\dfrac{2}{5} \right)$

121. a) $16,8 : 4,2 =$
$168 : 42 = 4$

b) $23,8 : (-3,5) =$
$-238 : 35 = -6,8$
$\underline{210}$
280
$\underline{280}$
$-$

c) $49,815 : 40,5 =$
$498,15 : 405 = 1,23$
$\underline{405}$
931
$\underline{810}$
1215
$\underline{1215}$
$-$

d) $2,1504 : 0,42 =$
$215,04 : 42 = 5,12$
$\underline{210}$
50
$\underline{42}$
84
$\underline{84}$
$-$

e) $-211,152 : 66,4 =$
$-2111,52 : 664 = -3,18$
$\underline{1992}$
1195
664
5312
$\underline{5312}$
$-$

f) $3,56 : 0,08 =$
$356 : 8 = 44,5$
$\underline{32}$
36
$\underline{32}$
40
$\underline{40}$
$-$

g) $4,88884 : 222,22 =$
$488,884 : 22222 = 0,022$
$\underline{000}$
4888
$\underline{0000}$
48888
$\underline{44444}$
44444
$\underline{44444}$
$-$

h) $-319,8 : (-3,075) =$
$319800 : 3075 = 104$
$\underline{3075}$
1230
$\underline{0000}$
12300
$\underline{12300}$
$-$

i) $0,00004 : 0,005 =$
$0,04 : 5 = 0,008$
$\underline{0}$
$\overline{00}$
0
$\overline{04}$
0
$\overline{40}$
$\underline{40}$
$-$

122. a) $\dfrac{3}{4} : \dfrac{27}{16} = \dfrac{3 \cdot 16}{4 \cdot 27} = \dfrac{4}{9}$

b) $\dfrac{1}{4} : \left(-\dfrac{1}{3} \right) = -\dfrac{1}{4} \cdot \dfrac{3}{1} = -\dfrac{3}{4}$

c) $\dfrac{15}{8} : \dfrac{45}{4} = \dfrac{15 \cdot 4}{8 \cdot 45} = \dfrac{1}{6}$

d) $\dfrac{625}{64} : \dfrac{125}{32} = \dfrac{625 \cdot 32}{64 \cdot 125} = \dfrac{5}{2} \left(= 2\dfrac{1}{2} \right)$

e) $-\dfrac{55}{3} : \left(-\dfrac{25}{12} \right) = \dfrac{55 \cdot 12}{3 \cdot 25} = \dfrac{11 \cdot 4}{5} = \dfrac{44}{5} \left(= 8\dfrac{4}{5} \right)$

f) $\dfrac{24}{3} : \dfrac{15}{8} = \dfrac{24 \cdot 8}{3 \cdot 15} = \dfrac{8 \cdot 8}{3 \cdot 5} = \dfrac{64}{15} \left(= 4\dfrac{4}{15} \right)$

g) $5\dfrac{1}{2} : 3\dfrac{1}{4} = \dfrac{11}{2} : \dfrac{13}{4} = \dfrac{11 \cdot 4}{2 \cdot 13} = \dfrac{22}{13} \left(= 1\dfrac{9}{13} \right)$

h) $-\dfrac{100}{9} : 5\dfrac{1}{3} = -\dfrac{100}{9} : \dfrac{16}{3} = -\dfrac{100 \cdot 3}{9 \cdot 16} = -\dfrac{25}{3 \cdot 4} = -\dfrac{25}{12} \left(= -2\dfrac{1}{12} \right)$

i) $\left(\dfrac{44}{3} : \dfrac{2}{9} \right) : \left(5\dfrac{1}{2} : \dfrac{3}{4} \right) = \dfrac{\overset{22}{\cancel{44}} \cdot \overset{3}{\cancel{9}}}{\cancel{3} \cdot \cancel{2}} : \dfrac{11 \cdot \overset{2}{\cancel{4}}}{\cancel{2} \cdot 3} = 66 : \dfrac{22}{3} = \dfrac{66 \cdot 3}{22} = 9$

123. $\dfrac{1}{1 + \dfrac{1}{1 + \frac{1}{3}}} = \dfrac{1}{1 + \dfrac{1}{\frac{4}{3}}} = \dfrac{1}{1 + 1 \cdot \frac{3}{4}} = \dfrac{1}{\frac{4}{4} + \frac{3}{4}} = \dfrac{1}{\frac{7}{4}} = \dfrac{4}{7}$

124. $\dfrac{1}{1 + \dfrac{1}{1 + \dfrac{1}{1 + \dfrac{1}{1 + \frac{1}{5}}}}} = \dfrac{1}{1 + \dfrac{1}{1 + \dfrac{1}{1 + \frac{1}{\frac{6}{5}}}}} = \dfrac{1}{1 + \dfrac{1}{1 + \dfrac{1}{1 + \frac{5}{6}}}} = \dfrac{1}{1 + \dfrac{1}{1 + \dfrac{1}{\frac{11}{6}}}} = \dfrac{1}{1 + \dfrac{1}{1 + \frac{6}{11}}} = \dfrac{1}{1 + \dfrac{1}{\frac{17}{11}}}$

$= \dfrac{1}{1 + \frac{11}{17}} = \dfrac{1}{\frac{28}{17}} = \underline{\underline{\dfrac{17}{28}}}$

125. $0,\overline{2} \cdot 1,25 + 0,\overline{3} : 0,\overline{6} = \dfrac{2}{9} \cdot \dfrac{5}{4} + \dfrac{3}{9} : \dfrac{6}{9} = \dfrac{5}{18} + \dfrac{3 \cdot 9}{9 \cdot 6} = \dfrac{5}{18} + \dfrac{1}{2}$

$= \dfrac{5}{18} + \dfrac{9}{18} = \dfrac{14}{18} = \dfrac{7}{9} = 0,\overline{7}$

126. $1\dfrac{7}{18} : 0,\overline{5} - 0,\overline{27} \cdot 1,8\overline{3} + 0,\overline{3} \cdot 3 = \dfrac{25}{18} : \dfrac{5}{9} - \dfrac{27}{99} \cdot (18,\overline{3} : 10) + \dfrac{3}{9} \cdot 3$

$= \dfrac{25 \cdot 9}{18 \cdot 5} - \dfrac{3}{11} \cdot \left(18\dfrac{1}{3} : 10\right) + 1 = \dfrac{5}{2} - \dfrac{3}{11} \cdot \dfrac{55}{3 \cdot 10} + 1 = \dfrac{5}{2} - \dfrac{1}{2} + 1 = 3$

127. $0,4 : 0,2 - \dfrac{1}{3} : \dfrac{1}{8} + 2 \cdot \left(5 - \dfrac{3}{4} : \dfrac{9}{8}\right) = \dfrac{4}{10} \cdot \dfrac{10}{2} - \dfrac{1}{3} \cdot \dfrac{8}{1} + 2 \cdot \left(5 - \dfrac{3}{4} \cdot \dfrac{8}{9}\right)$

$= 2 - \dfrac{8}{3} + 2 \cdot \left(5 - \dfrac{2}{3}\right) = 2 - \dfrac{8}{3} + 2 \cdot \dfrac{13}{3} = \dfrac{6}{3} - \dfrac{8}{3} + \dfrac{26}{3} = \dfrac{24}{3} = 8$

128. $\left(4,3 - 2 : \dfrac{5}{4}\right) \cdot \left(2 - 5 \cdot \dfrac{7}{8}\right) = \left(\dfrac{43}{10} - \dfrac{8}{5}\right) \cdot \left(\dfrac{16}{8} - \dfrac{35}{8}\right) = \dfrac{27}{10} \cdot \left(-\dfrac{19}{8}\right)$

$= -\dfrac{513}{80} \left(= -6\dfrac{33}{80}\right)$

129. $\dfrac{1}{3} - \left[2 - \left(\dfrac{5}{9} - 5 : \dfrac{3}{4}\right) + \dfrac{1}{2} \cdot 7\right] + 12$

$= \dfrac{1}{3} - \left[2 - \left(\dfrac{5}{9} - \dfrac{20}{3}\right) + \dfrac{7}{2}\right] + 12$

$= \dfrac{1}{3} - \left[2 - \left(\dfrac{5}{9} - \dfrac{60}{9}\right) + \dfrac{7}{2}\right] + 12$

$= \dfrac{1}{3} - \left[\dfrac{36}{18} - \left(-\dfrac{110}{18}\right) + \dfrac{63}{18}\right] + 12$

$= \dfrac{6}{18} - \dfrac{209}{18} + \dfrac{216}{18} = \dfrac{13}{18}$

130. $\left[\left(\dfrac{3}{4} : \dfrac{1}{2}\right) : \dfrac{1}{3}\right] : \dfrac{1}{4} = \left[\left(\dfrac{3}{4} \cdot \dfrac{2}{1}\right) \cdot 3\right] \cdot 4 = \dfrac{6}{4} \cdot 3 \cdot 4 = 18$

131. $\left(\dfrac{1}{3}:\dfrac{1}{4}-\dfrac{1}{4}:\dfrac{1}{3}\right)+\dfrac{1}{4}\cdot\dfrac{1}{3}=\left(\dfrac{1}{3}\cdot\dfrac{4}{1}-\dfrac{1}{4}\cdot\dfrac{3}{1}\right)+\dfrac{1}{12}=\left(\dfrac{4}{3}-\dfrac{3}{4}\right)+\dfrac{1}{12}$

$=\dfrac{16}{12}-\dfrac{9}{12}+\dfrac{1}{12}=\dfrac{8}{12}=\dfrac{2}{3}$

132. $3-\dfrac{\frac{4}{3}}{2\cdot\frac{3}{4}}+2:\dfrac{7}{8}-\dfrac{1}{2}-\dfrac{365}{126}=3-\dfrac{4}{3}:\dfrac{6}{4}+2\cdot\dfrac{8}{7}-\dfrac{1}{2}-\dfrac{365}{126}$

$=3-\dfrac{16}{18}+\dfrac{16}{7}-\dfrac{1}{2}-\dfrac{365}{126}=\dfrac{378}{126}-\dfrac{112}{126}+\dfrac{288}{126}-\dfrac{63}{126}-\dfrac{365}{126}=\dfrac{126}{126}=1$

133. $-\dfrac{4}{3}:2{,}5+\dfrac{1}{2}-2:\dfrac{3}{4}-\left(\dfrac{1}{8}-\dfrac{3}{10}\right)+\dfrac{1}{20}=-\dfrac{4}{3}\cdot\dfrac{2}{5}+\dfrac{1}{2}-\dfrac{8}{3}-\left(\dfrac{5}{40}-\dfrac{12}{40}\right)+\dfrac{1}{20}$

$=-\dfrac{8}{15}+\dfrac{1}{2}-\dfrac{8}{2}+\dfrac{7}{40}+\dfrac{1}{20}=-\dfrac{64}{120}+\dfrac{60}{120}-\dfrac{320}{120}+\dfrac{21}{120}+\dfrac{6}{120}$

$=-\dfrac{297}{120}=-\dfrac{99}{40}\left(=-2\dfrac{19}{40}\right)$

134. $\left(15\dfrac{1}{4}-3:\dfrac{1}{2}\right):\left(1{,}5-8\dfrac{1}{3}\right)=\left(\dfrac{61}{4}-6\right):\left(\dfrac{3}{2}-\dfrac{25}{3}\right)=\left(\dfrac{61}{4}-\dfrac{24}{4}\right):\left(\dfrac{9}{6}-\dfrac{50}{6}\right)$

$=\dfrac{37}{4}:\left(-\dfrac{41}{6}\right)=-\dfrac{37\cdot6}{4\cdot41}=-\dfrac{111}{82}\left(=-1\dfrac{29}{82}\right)$

135. $-\left[3-\dfrac{2}{5}\cdot\left(\dfrac{3}{5}:\dfrac{6}{5}-2\cdot1{,}5\right)-0{,}375:4\right]+\dfrac{125}{32}$

$=-\left[3-\dfrac{2}{5}\cdot\left(\dfrac{3}{5}\cdot\dfrac{5}{6}-3\right)-\dfrac{3}{8\cdot4}\right]+\dfrac{125}{32}$

$=-\left[3-\dfrac{2}{5}\cdot\left(\dfrac{1}{2}-3\right)-\dfrac{3}{32}\right]+\dfrac{125}{32}$

$=-\left[3-\dfrac{2}{5}\left(-\dfrac{5}{2}\right)-\dfrac{3}{32}\right]+\dfrac{125}{32}$

$=-\left[3+1-\dfrac{3}{32}\right]+\dfrac{125}{32}=-\left[\dfrac{128}{32}-\dfrac{3}{32}\right]+\dfrac{125}{32}=-\dfrac{125}{32}+\dfrac{125}{32}=0$

136. $\left[-\dfrac{3}{4}\cdot\left(-\dfrac{12}{7}\right)\right]:\left(-\dfrac{3}{5}\right)-1:\dfrac{1}{4}=\dfrac{36}{28}\cdot\left(-\dfrac{5}{3}\right)-4=-\dfrac{12\cdot5}{28}-4$

$=-\dfrac{15}{7}-\dfrac{28}{7}=-\dfrac{43}{7}\left(=-6\dfrac{1}{7}\right)$

137. $(8,9\cdot0,063):0,9+5:0,25=0,5607:0,9+20=0,623+20=20,623$

138. $[(0,0048:0,12)-22,22:11,11]\cdot\dfrac{3}{5}$

$=[0,48:12\quad-\quad2]\qquad\cdot\dfrac{3}{5}$

$=[0,04-2]\cdot\dfrac{3}{5}=-1,96\cdot0,6=-1,176$

139. $\dfrac{\dfrac{3}{4}-1:\dfrac{3}{8}}{\dfrac{5}{8}+2\cdot\left(-\dfrac{7}{3}\right)}=\dfrac{\dfrac{3}{4}-\dfrac{8}{3}}{\dfrac{5}{8}-\dfrac{14}{3}}=\dfrac{\dfrac{18}{24}-\dfrac{64}{24}}{\dfrac{15}{24}-\dfrac{112}{24}}=\dfrac{-\dfrac{46}{24}}{-\dfrac{97}{24}}=\dfrac{46\cdot24}{24\cdot97}=\dfrac{46}{97}$

140. $\dfrac{\dfrac{3}{4}-\dfrac{1}{2}\cdot\left(4-\dfrac{1}{3}\right)}{2:\dfrac{4}{3}}=\dfrac{\dfrac{3}{4}-\dfrac{1}{2}\cdot\dfrac{11}{3}}{\dfrac{8}{3}}=\dfrac{\dfrac{3}{4}-\dfrac{11}{6}}{\dfrac{8}{3}}=\dfrac{\dfrac{9}{12}-\dfrac{22}{12}}{\dfrac{8}{3}}=-\dfrac{13}{12}\cdot\dfrac{3}{8}=-\dfrac{13}{32}$

141. $\dfrac{6:\dfrac{3}{4}+2\cdot\dfrac{1}{3}-5}{\dfrac{8}{3}-2,5}=\dfrac{6\cdot\dfrac{4}{3}+\dfrac{2}{3}-5}{\dfrac{8}{3}-\dfrac{5}{2}}=\dfrac{8+\dfrac{2}{3}-5}{\dfrac{16}{6}-\dfrac{15}{6}}=\dfrac{\dfrac{9}{3}+\dfrac{2}{3}}{\dfrac{1}{6}}=\dfrac{11}{3}:\dfrac{1}{6}$

$=\dfrac{11}{3}\cdot\dfrac{6}{1}=\dfrac{66}{3}=22$

142. $\dfrac{\dfrac{1}{2}-\dfrac{5}{3}:\dfrac{11}{6}}{2\cdot\left(\dfrac{1}{2}-\dfrac{3}{4}\right)}=\dfrac{\dfrac{1}{2}-\dfrac{5}{3}\cdot\dfrac{6}{11}}{2\cdot\left(-\dfrac{1}{4}\right)}=\dfrac{\dfrac{1}{2}-\dfrac{10}{11}}{-\dfrac{1}{2}}=\dfrac{\dfrac{11}{22}-\dfrac{20}{22}}{-\dfrac{1}{2}}=\dfrac{-\dfrac{9}{22}}{-\dfrac{1}{2}}=\dfrac{9}{22}\cdot\dfrac{2}{1}=\dfrac{9}{11}$

143.
$$\frac{\frac{3}{4}-\frac{8}{5}:\frac{3}{10}-\left(7-\frac{1}{8}:\frac{1}{8}\right)}{\left(-2\cdot\frac{3}{4}\right):\left(-\frac{5}{4}\right)}=\frac{\frac{3}{4}-\frac{8}{5}\cdot\frac{10}{3}-(7-1)}{-\frac{3}{2}\cdot\left(-\frac{4}{5}\right)}=\frac{\frac{3}{4}-\frac{16}{3}-6}{\frac{6}{5}}=\frac{\frac{9}{12}-\frac{64}{12}-\frac{72}{12}}{\frac{6}{5}}$$

$$=-\frac{127}{12}:\frac{6}{5}=-\frac{127}{12}\cdot\frac{5}{6}=-\frac{635}{72}\left(-8\frac{59}{72}\right)$$

144.
$$\frac{4\frac{1}{2}-\frac{3}{5}:\frac{9}{10}+1,5}{2-\left(4-\frac{3}{4}\right):\frac{3}{2}}=\frac{\frac{9}{2}-\frac{3}{5}\cdot\frac{10}{9}+\frac{3}{2}}{2-\frac{13}{4}\cdot\frac{2}{3}}=\frac{\frac{9}{2}-\frac{2}{3}+\frac{3}{2}}{2-\frac{13}{6}}=\frac{\frac{27}{6}-\frac{4}{6}+\frac{9}{6}}{\frac{12}{6}-\frac{13}{6}}=\frac{32}{6}:\left(-\frac{1}{6}\right)$$

$$=-\frac{32}{6}\cdot\frac{6}{1}=-32$$

145.
$$\frac{2,5+\frac{6}{5}\cdot\left[8:\left(-\frac{4}{3}\right)-2\right]}{\frac{3}{4}-\left(6\frac{1}{2}-3\frac{1}{4}\right):2}=\frac{\frac{5}{2}+\frac{6}{5}\cdot\left[8\cdot\left(-\frac{3}{4}\right)-2\right]}{\frac{3}{4}-\left(\frac{13}{2}-\frac{13}{4}\right)\cdot\frac{1}{2}}=\frac{\frac{5}{2}+\frac{6}{5}[-6-2]}{\frac{3}{4}-\frac{13}{4}\cdot\frac{1}{2}}$$

$$=\frac{\frac{5}{2}+\frac{6}{5}(-8)}{\frac{3}{4}-\frac{13}{8}}=\frac{\frac{5}{2}-\frac{48}{5}}{\frac{3}{4}-\frac{13}{8}}=\frac{\frac{100}{40}-\frac{384}{40}}{\frac{30}{40}-\frac{65}{40}}=\frac{-\frac{284}{40}}{-\frac{35}{40}}=\frac{284\cdot40}{40\cdot35}=\frac{284}{35}\left(=8\frac{4}{35}\right)$$

146.
1) 20
4) 10
7) 4
10) 40

2) 100
5) 30
8) 12
11) 8

3) 1
6) 0
9) 13
12) 3

Lösungswort: Hervorragend

147.
1) 19
4) 50
7) 31

2) 12
5) 1 000
8) 7

3) 17
6) 1
9) 100

Lösungswort: Fünfundzwanzig

148.

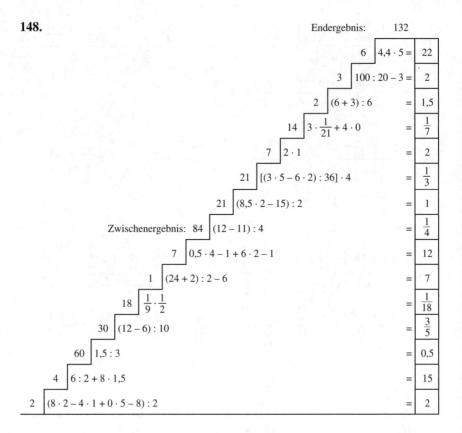

Endergebnis: 132

6	$4,4 \cdot 5 =$	22
3	$100 : 20 - 3 =$	2
2	$(6 + 3) : 6 =$	1,5
14	$3 \cdot \dfrac{1}{21} + 4 \cdot 0 =$	$\dfrac{1}{7}$
7	$2 \cdot 1 =$	2
21	$[(3 \cdot 5 - 6 \cdot 2) : 36] \cdot 4 =$	$\dfrac{1}{3}$
21	$(8,5 \cdot 2 - 15) : 2 =$	1
Zwischenergebnis: 84	$(12 - 11) : 4 =$	$\dfrac{1}{4}$
7	$0,5 \cdot 4 - 1 + 6 \cdot 2 - 1 =$	12
1	$(24 + 2) : 2 - 6 =$	7
18	$\dfrac{1}{9} \cdot \dfrac{1}{2} =$	$\dfrac{1}{18}$
30	$(12 - 6) : 10 =$	$\dfrac{3}{5}$
60	$1,5 : 3 =$	0,5
4	$6 : 2 + 8 \cdot 1,5 =$	15
2	$(8 \cdot 2 - 4 \cdot 1 + 0 \cdot 5 - 8) : 2 =$	2

149.

1)	A C	**H**	T
2)	Z	**E**	H N
3)	V I E	**R**	Z I G
4)		**V**	I E R
5)	Z W	**O**	E L F
6)	D	**R**	E I
7)	D	**R**	E I Z E H N
8)	Z W	**A**	N Z I G
9)	S E C H Z I	**G**	
10)	Z W O	**E**	L F
11)	F U E	**N**	F Z I G
12)	E I N	**D**	R I T T E L

↑
Lösungswort

150. a) 3,5 b) 2,5 c) 2
d) 1,2 e) 1,3 f) 2
g) 3,2 h) 3,5 i) 400,48
k) 2

151. a) $\boxed{\frac{3}{4}} + \left(\boxed{\frac{1}{2}} - \boxed{\frac{3}{4}}\right) - \left(\boxed{\frac{2}{3}} - \boxed{\frac{1}{2}}\right) = \boxed{\frac{1}{3}}$

b) $\boxed{1,7} - \boxed{2,6} - \left(\boxed{1,2} - \boxed{0,5} - \boxed{8,2}\right) = \boxed{6,6}$

c) $\boxed{1\frac{1}{2}} - \left(\boxed{\frac{2}{5}} + \boxed{\frac{2}{3}} - \boxed{\frac{7}{2}}\right) - \boxed{3\frac{1}{3}} = \boxed{\frac{3}{5}}$

152. a) $-\frac{5}{12}$ b) $-4,7$ c) -2

153. a) $\dfrac{4}{3}$ b) $\dfrac{15}{11}$ c) $\dfrac{2}{15}$

d) $\dfrac{112}{11}$ e) $\dfrac{9}{4}$ f) $\dfrac{9}{6}$

g) 4   h) 10   i) 5

k) 3   l) $\dfrac{1}{3}$ m) $\dfrac{1}{2}$

154.

$$\begin{array}{c}
\boxed{4} : \boxed{3{,}2} \qquad \boxed{8} \cdot \boxed{3} : \boxed{5} \\[4pt]
\boxed{1{,}25} - \boxed{-2{,}8} \qquad \boxed{4{,}8} + \boxed{\tfrac{1}{4}} \\[4pt]
\boxed{4{,}05} \qquad\qquad \cdot \qquad\qquad \boxed{5{,}05} \\[4pt]
\boxed{20{,}4525}
\end{array}$$

155.

$$\begin{array}{c}
\boxed{12{,}4} : \boxed{-3{,}1} \qquad \boxed{2{,}5} \cdot \left[\boxed{7{,}8} + \boxed{-6} - \boxed{-0{,}2} \right] \\[4pt]
\boxed{\tfrac{1}{3}} \cdot \left[\boxed{-4} : \boxed{\tfrac{1}{12}} \right] \qquad \boxed{-0{,}5} \cdot \boxed{5} \cdot \boxed{-\tfrac{1}{4}} \\[4pt]
\boxed{-16} \qquad : \qquad \boxed{-2{,}5} \cdot \boxed{-1{,}25} \\[4pt]
\boxed{-\tfrac{1}{2}} \cdot \boxed{6{,}4} - \boxed{-2} \cdot \boxed{3{,}125} \\[4pt]
\boxed{3{,}05}
\end{array}$$

156. a)

1)	V	I	E	R	Z	I	G			
2)					N	E	U	N		
3)			Z	W	E	I	T	A	U	S	E	N	D
4)	N	E	U	N	Z	I	G			
5)					V	I	E	R		
6)			E	I	N	E	M	I	L	L	I	O	N
7)					Z	W	A	N	Z	I	G
8)					S	E	C	H	S	
9)	S	I	E	B	Z	E	H	N		
10)					A	C	H	T		

Lösungswort: „Gut gemacht".

b)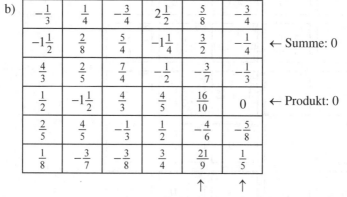

Produkt: 1   Produkt: 0

157.

1) 4,83	2) 14,9	3) 32,05
4) 3,01	5) 865,04	6) 0,02
7) 150,76	8) 4,15	9) 13,07
10) 43,82		

158.

1-I	2-P	3-A
4-O	5-B	6-G
7-L	8-C	9-N
10-E	11-F	12-D
13-H	14-K	15-M

159.

1 $17,8$	2 $\frac{1}{2}+\frac{1}{3}$	3 -3^3	4 -16	5 0
6 $-3 \cdot 4,2$	7 $(-2)^4$	8 $\frac{15,2}{0}$	9 8	10 $0,125$
11 -2^4	12 $\frac{1}{4}:\frac{1}{8}$	13 $\frac{4,3}{4,3}$	14 $|-7|$	15 16
16 $\frac{2}{3}$	17 $\frac{2}{3}\cdot\frac{9}{10}$	18 $6\cdot(-2,1)$	19 $\frac{14}{99}$	20 $\frac{5}{6}$
21 $0,\overline{14}$	22 $0,\overline{3}$	23 $4\cdot4,45$	24 $\left(\frac{1}{2}\right)^2$	25 $\frac{3}{5}$
26 $\frac{1}{8}$	27 $\{\ \}$	28 -9	29 1	30 $\frac{1}{3}$
31 $16:\frac{1}{2}$	32 2	33 $-|-3^2|$	34 $\frac{7}{3}\cdot0$	35 32
36 $\frac{1}{4}$	37 7	38 -27	39 $0,\overline{6}$	40 2^3

159.

T	H	Z	E
	1	2	3
	2	2	0
	3	3	8
	4	1	1
	5	3	4
	6	1	8
	7	1	5
	8	2	7
	9	4	0
1	0	2	6
1	2	3	2
1	3	2	9
1	4	3	7
1	6	3	9
1	7	2	5
1	9	2	1
2	2	3	0
2	4	3	6
2	8	3	3
+ 3	1	3	5
2 5	6	6	9

← d. h. Kästchen 4 und 11 haben den gleichen Wert

Die Reihenfolge der Zahlen ist beliebig; d. h.:
123 muss nicht in der ersten Zeile stehen!

160. a) $1\frac{1}{3} \cdot 1\frac{7}{8} - \left(3\frac{1}{2} - 1\frac{3}{4}\right) = \frac{4}{3} \cdot \frac{15}{8} - \left(\frac{7}{2} - \frac{7}{4}\right) = \frac{5}{2} - \frac{7}{4} = \frac{10}{4} - \frac{7}{4} = \frac{3}{4}$

b) $\left[2 \cdot \left(3\frac{1}{2} + \frac{3}{8}\right)\right] : 1,25 = \left[2 \cdot \left(\frac{7}{2} + \frac{3}{8}\right)\right] : 1,25 = \left[2 \cdot \left(\frac{28}{8} + \frac{3}{8}\right)\right] : 1,25$

$= \left[2 \cdot \frac{31}{8}\right] : 1,25 = \frac{31}{4} : 1,25 = \frac{31}{4} : \frac{5}{4} = \frac{31 \cdot 4}{4 \cdot 5} = \frac{31}{5} \left(= 6\frac{1}{5}\right)$

c) $\frac{1}{2} \cdot \left(2\frac{1}{2} - 4\right) + \left(2\frac{1}{2} + 4\right) = \frac{1}{2}\left(\frac{5}{2} - \frac{8}{2}\right) + \left(\frac{5}{2} + \frac{8}{2}\right) = \frac{1}{2} \cdot \left(-\frac{3}{2}\right) + \left(\frac{13}{2}\right)$

$= -\frac{3}{4} + \frac{13}{2} = -\frac{3}{4} + \frac{26}{4} = \frac{23}{4} \left(= 5\frac{3}{4}\right)$

d) $(0,\overline{4}+(-3))-3,8\cdot\dfrac{1}{4}=\left(\dfrac{4}{9}-3\right)-\dfrac{38}{10}\cdot\dfrac{1}{4}=\left(\dfrac{4}{9}-\dfrac{27}{9}\right)-\dfrac{38}{40}=-\dfrac{23}{9}-\dfrac{19}{20}$

$=-\dfrac{460}{180}-\dfrac{171}{180}=-\dfrac{631}{180}\left(=-3\dfrac{91}{180}\right)$

161. Stimmenanteil von Hans und Susanne: $\dfrac{2}{3}+\dfrac{1}{4}=\dfrac{8}{12}+\dfrac{3}{12}=\dfrac{11}{12}$

Die gesamten Stimmen sind $\dfrac{12}{12}$, es fehlt also $\dfrac{1}{12}$

a) Georg erhält $\dfrac{1}{12}$ der Stimmen

b) $\dfrac{1}{12}$ der Stimmen = 3 Stimmen

$\Rightarrow\dfrac{12}{12}$ der Stimmen ist $12\cdot 3=36$

$\Rightarrow$ 36 der Stimmen wurden insgesamt abgegeben.

c) $\dfrac{2}{3}$ von 36 Stimmen: $\dfrac{2}{3}\cdot 36=24$

$\dfrac{1}{4}$ von 36 Stimmen: $\dfrac{1}{4}\cdot 36=9$

Hans bekam 24 Stimmen, Susanne bekam 9 Stimmen.

162.

Länge des Pfahles: $\dfrac{5}{5}$

$\Rightarrow\dfrac{5}{5}-\dfrac{2}{5}=\dfrac{3}{5}$ des Pfahles ist über dem Erdboden

$\dfrac{2}{5}\;\hat{=}\;75$ cm

$\dfrac{1}{5}\;\hat{=}\;37,5$ cm

$\dfrac{5}{5}\;\hat{=}\;5\cdot 37,5\;\hat{=}\;187,5$ cm

$\Rightarrow$ Der Pfahl ist 1,875 m lang.

163. $\dfrac{3}{4} \cdot \dfrac{3}{8} = \dfrac{9}{32}$

$\dfrac{1}{5} \cdot \dfrac{7}{4} = \dfrac{7}{20}$

Beide Brüche müssen gleichnamig gemacht werden:

$\dfrac{9}{32} = \dfrac{45}{160} \qquad \dfrac{7}{20} = \dfrac{56}{160}$

$\dfrac{56}{160} > \dfrac{45}{160}$

$\Rightarrow \dfrac{1}{5}$ von $\dfrac{7}{4}$ ist der größere Wert.

164. $\dfrac{1}{4} \cdot \dfrac{1}{4} \cdot \dfrac{1}{4} = \dfrac{1}{64}$

$\Rightarrow \dfrac{1}{64}$ der Bälle sind 3 Bälle.

Alle Bälle sind dann $64 \cdot 3 = 192$.

Es sind 192 Bälle im Behälter.

165. a) $\dfrac{3}{4} + \dfrac{1}{8} + \dfrac{1}{16} = \dfrac{12}{16} + \dfrac{2}{16} + \dfrac{1}{16} = \dfrac{15}{16}$

$\Rightarrow$ auf „ein Ganzes" (das sind hier alle Fahrzeuge) fehlt $\dfrac{1}{16}$ $\Rightarrow$

25 Motorräder sind $\dfrac{1}{16}$ aller Fahrzeuge.

b) Alle Fahrzeuge sind $\dfrac{16}{16}$ $\Rightarrow$ $16 \cdot 25 = 400$

$\Rightarrow$ 400 Fahrzeuge stehen auf dem Parkplatz.

c) $\dfrac{3}{4}$ von $400 = \dfrac{3}{4} \cdot 400 = 300$ PKW's

$\dfrac{1}{8}$ von $400 = \dfrac{1}{8} \cdot 400 = 50$ Busse

$\dfrac{1}{16}$ von $400 = \dfrac{1}{16} \cdot 400 = 25$ LKW's

166. a)

Name	Anteile
Kurt	$\frac{1}{2}$
Hans	$\frac{1}{4}$
Willi	$\frac{1}{5}$
Peter	?

$$\frac{1}{3} + \frac{1}{4} + \frac{1}{5} = \frac{20}{60} + \frac{15}{60} + \frac{12}{60} = \frac{47}{60}$$

$\Rightarrow$ Es fehlen $\frac{13}{60}$ auf „ein Ganzes".

$\Rightarrow$ Peter erhält $\frac{13}{60}$ des Gewinns.

b) $\frac{60}{60} \triangleq 42\,000,00$

$$\frac{1}{60} \triangleq \frac{1}{60} \cdot 42\,000 = 700 \text{ DM} \Rightarrow \quad \frac{20}{60} = 20 \cdot 700 = 14\,000,00$$

$$\frac{15}{60} = 15 \cdot 700 = 10\,500,00$$

$$\frac{12}{60} = 12 \cdot 700 = 8\,400,00$$

$$\frac{13}{60} = 13 \cdot 700 = \underline{9\,100,00}$$

$$\underline{42\,000,00}$$

Kurt gewinnt 14 000,00 DM, Hans 10 500,00 DM, Willi 8 400,00 DM und Peter 9 100,00 DM.

c) $1,38 \text{ DM} \triangleq 1$ Dollar

$1,00 \text{ DM} \triangleq \frac{1}{1,38}$ Dollar

$\boxed{\text{x DM} \triangleq \frac{\text{x}}{1,38} \text{ Dollar}}$ Damit lassen sich die Dollarwerte errechnen!

$$14\,000,00 \text{ DM} = \frac{14\,000}{1,38} = 10\,144,93 \text{ Dollar}$$

$$10\,500,00 \text{ DM} = \frac{10\,500}{1,38} = 7\,608,70 \text{ Dollar}$$

$$8\,400 \text{ DM} = \frac{8\,400}{1,38} = 6\,086,96 \text{ Dollar}$$

$$9\,100 \text{ DM} = \frac{9\,100}{1,38} = 6\,594,20 \text{ Dollar}$$

Wenn man auf zwei Stellen runden soll, muss man drei Stellen nach dem Komma berechnen!

Beispiel:

14 000 : 1,38 =

1400000 : 138 = 10144,927 ≈ 10144,93

138

$\overline{20}$

0

$\overline{200}$

138

$\overline{620}$

552

$\overline{680}$

552

$\overline{1280}$

1242

$\overline{380}$

276

$\overline{1040}$

966

$\overline{74}$

167. a) $\frac{2}{5} \triangleq 14,40$

$\frac{1}{5} \triangleq 7,20$

$\frac{5}{5} \triangleq 5 \cdot 7,20 = 36$

Karin erhält 36,00 DM Taschengeld.

b) $\dfrac{1}{4}$ von $36 = \dfrac{1}{4} \cdot 36 = 9$

Karin spart 9,00 DM.

c) $36 - 14,40 - 9 = 12,60$

Karin hat noch 12,60 DM zur Verfügung.

168. a) $8,40 \cdot 2,50 = 21\,m^2$ Wandfläche

$\dfrac{2}{15}$ von $21 = \dfrac{2}{15} \cdot 21 = \dfrac{42}{15} = 2,8\,m^2$ Fensterfläche

$21 - 2,8 = 18,2$

$18,2\,m^2$ müssen tapeziert werden.

b) $18,2 \cdot 5,5 = 100,10$ DM kosten die Tapeten.

$100,10 : 12 = 8,341 \approx 8,34$ DM kostet der Kleister

$$
\begin{array}{l}
\underline{96} \\
41 \\
\underline{36} \\
50 \\
\underline{48} \\
20
\end{array}
$$

$$
\begin{array}{r}
100,10 \\
\underline{8,34} \\
108,44
\end{array}
$$
Die Gesamtkosten betragen 108,44 DM.

169. a) Größe der Terrasse: $10,60 \cdot 8,40 = 89,04\,m^2$

Größe einer Fliese: $0,20 \cdot 0,20 = 0,04\,m^2$

$89,04 : 0,04 = 8\,904 : 4 = 2\,226$

2 226 Fliesen werden benötigt.

b) Kosten der Fliesen: $2\,226 \cdot 0,95 = 2\,114,70$ DM

Arbeitslohn: $89,04 \cdot 42 = 3\,739,68$ DM

$$
\begin{array}{r}
2\,114,70 \\
\underline{3\,739,68} \\
5\,854,38
\end{array}
$$
Gesamtkosten: 5 854,38

c) $3\,739,68 : 12 = 311,64$ DM kann man einsparen

$$
\begin{array}{r}
3\,739,68 \\
- 311,64 \\
\hline
3\,428,04
\end{array}
\qquad
\begin{array}{r}
3\,428,04 \\
+ 2\,114,70 \\
\hline
5\,542,74
\end{array}
$$

Durch Eigenleistung verringern sich die Kosten auf 5 542,74 DM.

170. a)

Note	Anteil der Schüler
1	$\frac{1}{15}$
2	$\frac{1}{3}$
3	$\frac{3}{15}$
4	$\frac{1}{6}$
5	$\frac{1}{10}$
6	?

$$\left. \begin{array}{l} \dfrac{1}{15} + \dfrac{1}{3} + \dfrac{3}{15} + \dfrac{1}{6} + \dfrac{1}{10} \\[2mm] \dfrac{2}{30} + \dfrac{10}{30} + \dfrac{6}{30} + \dfrac{5}{30} + \dfrac{3}{30} = \dfrac{26}{30} = \dfrac{13}{15} \end{array} \right\}$$

$\Rightarrow \dfrac{13}{15}$ erhielten die Noten 1 bis 5.

Die gesamte Klasse sind $\frac{15}{15}$, also haben $\frac{2}{15}$ die Note 6.

b) $\dfrac{2}{15} \mathrel{\hat=} 4$ Schüler

$\dfrac{1}{15} \mathrel{\hat=} 2$ Schüler

$\dfrac{15}{15} \mathrel{\hat=} 15 \cdot 2 = 30$ Schüler

$\Rightarrow$ In der Klasse sind 30 Schüler.

c) Note 1: $\dfrac{1}{15} \cdot 30 = 2$ Schüler

Note 2: $\dfrac{1}{3} \cdot 30 = 10$ Schüler

Note 3: $\dfrac{3}{15} \cdot 30 = 6$ Schüler

Note 4: $\dfrac{1}{6} \cdot 30 = 5$ Schüler

Note 5: $\dfrac{1}{10} \cdot 30 = 3$ Schüler

d) $1 \cdot 2 + 2 \cdot 10 + 3 \cdot 6 + 4 \cdot 5 + 5 \cdot 3 + 6 \cdot 4 = 99$

$99 : 30 = 3,3$

$\dfrac{90}{\overline{90}}$

Notendurchschnitt: 3,3

171. a) $\{x \mid -4,2 \leq x < 3,5\}$

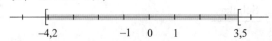

b) $\{x \mid -0,5 < x < 2,8\}$

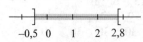

c) $\{x \mid -2 \leq x \leq 4,6\}$

172. a) $[2,5; 5,2]$

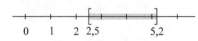

b) $]-4,1; 0,5]$

c) $]-1,5; 1,5[$

173. a) $[-4,5; 3,6] = \{x \mid -4,5 \leq x \leq 3,6\}$ b) $[1,6; 5,4[= \{x \mid 1,6 \leq x < 5,4\}$

c) $[-4; 2,5[= \{x \mid -4 \leq x < 2,5\}$ d) $]-0,5; 3,8] = \{x \mid -0,5 < x \leq 3,8\}$

174. a) $[-3; 3,5[= \{x \mid -3 \leq x < 3,5\}$ b) $[-3; 4,5[= \{x \mid -3 \leq x < 4,5\}$

c) $]-4; 3,5[= \{x \mid -4 < x < 3,5\}$ d) $]-4,5; 5] = \{x \mid -4,5 < x \leq 5\}$

e) $]-4,5; 5] = \{x \mid -4,5 < x \leq 5\}$ f) $]-4; -3[= \{x \mid -4 < x < -3\}$

g) $]-4,5; -4] \cup [3,5; 5] = \{x \mid -4,5 < x < -4\} \cup \{x \mid 3,5 < x \leq 5\}$

h) $[-3; 3,5[\cap]-4,5; 5] = [-3; 3,5[= \{x \mid -3 \leq x < 3,5\}$

i) $]-4; -3[\cap]-4,5; 5] =]-4; -3[= \{x \mid -4 < x < -3\}$

175. a) $[0; 2,5]$ b) $]-1,8; 4[$

     c) $[-0,5; 5]$ d) $]-3; 3,5]$

     e) $\{x \mid -1 \leq x < 4\}$ f) $\{x \mid -2,5 < x < 0,5\}$

     g) $\{\ \} = \varnothing$ h) $\{x \mid x \in \mathbb{Q}\} = \mathbb{Q}$

     i) $\{x \mid -2,5 < x \leq 2,5\}$ k) $\{x \mid x > -1,5\}$

176. a) $10x^3 - y^2$

     b) $5a^2 - 6ay$

     c) $\dfrac{3}{6}x^2 + \dfrac{4}{6}x^2 - \dfrac{5}{20}y^2 + \dfrac{12}{20}y^2 = \dfrac{7}{6}x^2 + \dfrac{7}{20}y^2$

     d) $-5a^2 - b^2 + ab$

     e) $-3x^2y + xy^2$

177. a) $2^{3+5} = 2^8 = 256$ b) $3^{4-1} = 3^3 = 27$

     c) $4^{7-5} = 4^2 = 16$ d) $5^{6-3} = 5^3 = 125$

     e) $3^{2+1} = 3^3 = 27$ f) $(2^{4+1}) : 2^3 = 2^5 : 2^3 = 2^{5-3} = 2^2 = 4$

     g) $8a^3 - 18a^3 = -10a^3$ h) $\dfrac{6}{2} \cdot x^{3-2} - \dfrac{4}{2} \cdot x^{5-4} = 3x - 2x = x$

     i) $\dfrac{2}{6}x^{2+1} + \dfrac{4 \cdot 2}{3 \cdot 1}x^{4-1} = \dfrac{1}{3}x^3 + \dfrac{8}{3}x^3 = \dfrac{9}{3}x^3 = 3x^3$

     k) $2 \cdot 4 \cdot a^{3+2} - 5 \cdot 3 \cdot a^{1+4} + \dfrac{12}{4} \cdot a^{17-12} = 8a^5 - 15a^5 + 3a^5 = -4a^5$

     l) $-\dfrac{1}{2} \cdot a^{20} + \dfrac{2}{3} \cdot a^{20} = -\dfrac{3}{6} \cdot a^{20} + \dfrac{4}{6} \cdot a^{20} = \dfrac{1}{6} \cdot a^{20}$

     m) $2 \cdot x^{12} - 3 \cdot x^{12} = -x^{12}$

     n) $2^3 \cdot x^6 - 4^2 \cdot x^6 = 8x^6 - 16x^6 = -8x^6$

     o) $\left(\dfrac{1}{2}\right)^4 \cdot x^{12} + \left(\dfrac{1}{4}\right)^2 \cdot x^{12} = \dfrac{1}{16}x^{12} + \dfrac{1}{16}x^{12} = \dfrac{2}{16}x^{12} = \dfrac{1}{8}x^{12}$

178. a) $\dfrac{2\cdot3\cdot4\cdot a^{2+1+1}\cdot b^{2+3}}{6\cdot2\cdot a^{1+2}\cdot b^{2+1}}=\dfrac{24a^4b^5}{12a^3b^3}=2a^{4-3}\cdot b^{5-3}=2ab^2$

b) $\dfrac{2^2\cdot x^2\cdot3^2\cdot y^2\cdot4x^2y^2}{5^3\cdot x^3\cdot2^2\cdot y^2}=\dfrac{4\cdot9\cdot4\cdot x^{2+2}\cdot y^{2+2}}{125\cdot4\cdot x^3\cdot y^2}=\dfrac{36\cdot x^4\cdot y^4}{125\cdot x^3\cdot y^2}$

$=\dfrac{36}{125}x^{4-3}\cdot y^{4-2}=\dfrac{36}{125}xy^2$

c) $\dfrac{(-3)^2\cdot x^6\cdot(-2)^3\cdot y^6\cdot4x^2y}{6\cdot2\cdot x\cdot y^2}=\dfrac{9\cdot(-8)\cdot4\cdot x^{6+2}\cdot y^{6+1}}{6\cdot2\cdot x\cdot y^2}$

$=-\dfrac{3\cdot8\cdot2\cdot x^8\cdot y^7}{2\cdot1\cdot x\cdot y^2}=-24x^{8-1}\cdot y^{7-2}=-24x^7y^5$

d) $\dfrac{(-2)^3\cdot a^3\cdot2^2\cdot a^2\cdot3^2\cdot a^2\cdot b^8}{4a^2\cdot b^6}=\dfrac{-8\cdot4\cdot9\cdot a^{3+2+2}\cdot b^8}{4\cdot a^2\cdot b^6}$

$=\dfrac{-72\cdot a^7\cdot b^8}{a^2\cdot b^6}=-72a^5b^2$

e) $\dfrac{2\cdot3\cdot4\cdot a^{2+1+1}\cdot b^{2+1}}{5\cdot3\cdot a^4\cdot b^{2+1}}=\dfrac{8\cdot a^4\cdot b^3}{5\cdot a^4\cdot b^3}=\dfrac{8}{5}$

179. a) $\dfrac{1}{5^2}=\dfrac{1}{25}$ b) $\dfrac{1}{2^3}=\dfrac{1}{8}$

c) $\dfrac{1}{4^1}=\dfrac{1}{4}$ d) 1

e) $\dfrac{1}{2^2}\cdot\dfrac{1}{3^2}=\dfrac{1}{4}\cdot\dfrac{1}{9}=\dfrac{1}{36}$ f) $\dfrac{1}{5}\cdot\dfrac{1}{2^3}=\dfrac{1}{5}\cdot\dfrac{1}{8}=\dfrac{1}{40}$

g) $\dfrac{1}{2^3}\cdot\dfrac{1}{3^2}\cdot4^2=\dfrac{1}{8}\cdot\dfrac{1}{9}\cdot16=\dfrac{2}{9}$ h) $\left(\dfrac{3}{2}\right)^2=\dfrac{9}{4}$

i) $\dfrac{7}{5}$ k) $\dfrac{1}{2^3}\cdot\left(\dfrac{2}{3}\right)^4=\dfrac{1}{8}\cdot\dfrac{16}{81}=\dfrac{2}{81}$

l) $\left(\dfrac{4}{3}\right)^1 \cdot \left(\dfrac{5}{2}\right)^2 \cdot \left(\dfrac{3}{1}\right)^3 = \dfrac{4}{3} \cdot \dfrac{25}{4} \cdot \dfrac{27}{1} = 25 \cdot 9 = 225$

m) $\left(\dfrac{3}{2}\right)^3 \cdot \left(\dfrac{4}{3}\right)^2 : \left(\dfrac{2}{9}\right)^1 = \dfrac{27}{8} \cdot \dfrac{16}{9} \cdot \dfrac{9}{2} = 27$

180. a) 10^6 b) 10^2

     c) $3 \cdot 10^4$ d) 10^{-4}

     e) $2 \cdot 10^{-2}$ f) $5 \cdot 10^{-6}$

     g) $2{,}61 \cdot 10^5$ h) $1{,}43 \cdot 10^4$

     i) $7{,}2 \cdot 10^7$ k) $2{,}4 \cdot 10^{-3}$

     l) $1{,}3 \cdot 10^{-5}$ m) $5{,}26 \cdot 10^{-4}$

     n) $50\,000\,000 \cdot 0{,}0003 = 5 \cdot 10^7 \cdot 3 \cdot 10^{-4} = 15 \cdot 10^3 = 1{,}5 \cdot 10^4$

     o) $0{,}002 \cdot 0{,}0004 \cdot 0{,}05 = 2 \cdot 10^{-3} \cdot 4 \cdot 10^{-4} \cdot 5 \cdot 10^{-2} = 40 \cdot 10^{-9} = 4 \cdot 10^{-8}$

181. a) $A = 16\ \text{cm}^2$ b) $A = 6{,}25\ \text{cm}^2$ c) $A = 1{,}44\ \text{cm}^2$

     d) $A = \dfrac{9}{16}\ \text{cm}^2$ e) $A = 0{,}36\ \text{cm}^2$ f) $a = 0{,}0025\ \text{cm}^2$

182. a) $V = 125\ \text{cm}^3$ b) $V = 1\,000\ \text{cm}^3$ c) $V = 3\,375\ \text{cm}^3$

     d) $V = 13{,}824\ \text{cm}^3$ e) $V = 0{,}008\ \text{cm}^3$ f) $V = \dfrac{27}{8}\ \text{cm}^3 = 3\dfrac{3}{8}\ \text{cm}^3$

183. a) $a^2 = 81\ \text{cm}^2 \quad \Rightarrow a = 9\ \text{cm}$

     b) $a^2 = 256\ \text{cm}^2 \quad \Rightarrow a = 16\ \text{cm}$

     c) $A = 1{,}44\ \text{cm}^2 \quad \Rightarrow a = 1{,}2\ \text{cm}$

     d) $A = 56{,}25\ \text{cm}^2 \Rightarrow a = 7{,}5\ \text{cm}$

     e) $A = 0{,}36\ \text{cm}^2 \quad \Rightarrow a = 0{,}6\ \text{cm}$

     f) $A = \dfrac{81}{49}\ \text{cm}^2 \quad \Rightarrow a = \dfrac{9}{7}\ \text{cm} = 1\dfrac{2}{7}\ \text{cm}$

184. a) $V = 27 \text{ cm}^3 \Rightarrow a = 3 \text{ cm}$

b) $V = 125 \text{ cm}^3 \Rightarrow a = 5 \text{ cm}$

c) $V = 1\,000 \text{ cm}^3 \Rightarrow a = 10 \text{ cm}$

d) $V = \dfrac{27}{64} \text{ cm}^3 \Rightarrow a = \dfrac{3}{4} \text{ cm}$

e) $V = 0,008 \text{ cm}^3 \Rightarrow a = 0,2 \text{ cm}$

f) $V = \dfrac{8}{125} \text{ cm}^3 \Rightarrow a = \dfrac{2}{5} \text{ cm} = 0,4 \text{ cm}$

185. Vereinfache soweit wie möglich!

a) $(-2)^3 \cdot \left(-\dfrac{1}{2}\right)^2 - 2^3 : \left(\dfrac{1}{2}\right)^{-1}$

$= -8 \cdot \dfrac{1}{4} - 8 : 2 = -2 - 4 = \underline{\underline{-6}}$

b) $4^{-2} \cdot (-4)^3 + \left(\dfrac{1}{2}\right)^{-4} : 2^2 - \left(\dfrac{1}{16}\right)^{-1} : 4^2$ $\qquad$ $4^{-2} = \left(\dfrac{1}{4}\right)^2 ; \left(\dfrac{1}{2}\right)^{-4} = 2^4 ;$

$= \dfrac{1}{16} \cdot (-64) + 16 : 4 - 16 : 16 = -4 + 4 - 1 = \underline{\underline{-1}}$ $\qquad$ $\left(\dfrac{1}{16}\right)^{-1} = 16$

c) $3 \cdot (3^2 - 2^3) + 4^3 : (2^6 - 2^5)$

$= 3 \cdot (9 - 8) + 64 : (64 - 32) = 3 \cdot 1 + 64 : 32 = 3 + 2 = \underline{\underline{5}}$

d) $\left(\dfrac{1}{2}\right)^{-4} \cdot 2^{-3} + \left(\dfrac{3}{2}\right)^2 \cdot \left(-\dfrac{1}{2}\right)^{-3}$ $\qquad$ $\left(-\dfrac{1}{2}\right)^{-3} = (-2)^3$

$= 16 \cdot \dfrac{1}{8} + \dfrac{9}{4} \cdot (-8) = 2 - 18 = \underline{\underline{-16}}$ $\qquad$ $2^{-3} = \left(\dfrac{1}{2}\right)^3$

e) $\left(\dfrac{1}{2}\right)^{-3} \cdot (2^4 - 2^0) - 2^{-3} \cdot (2^4 + 2^5)$

$= 8 \cdot (16 - 1) - \dfrac{1}{8} \cdot (16 + 32) = 8 \cdot 15 - \dfrac{1}{8} \cdot 48 = 120 - 6 = \underline{\underline{114}}$

f) $(2,5)^2 + \left(\dfrac{2}{5}\right)^{-2} - \left(\dfrac{2}{3}\right)^{-1} \cdot 1,5 + (4,2^0 - 6,5^0) \cdot 3,5$ $\qquad \left(\dfrac{2}{5}\right)^{-2} = \left(\dfrac{5}{2}\right)^2$

$\qquad = 6,25 + 6,25 - 1,5 \cdot 1,5 + (1 - 1) \cdot 3,5$

$\qquad = 6,25 + 6,25 - 2,25 + 0 \cdot 3,5 = \underline{\underline{10,25}}$ $\qquad \left(\dfrac{2}{3}\right)^{-1} = \left(\dfrac{3}{2}\right)$

g) $\left[5^2 - \left(\dfrac{1}{5}\right)^{-3} : (-12 + 37) + 5^{-2} \cdot 50 \right] \cdot [(-4) \cdot 6,25 + 15 \cdot 5^0]$

$= \left[25 - 125 : (25) + \dfrac{1}{25} \cdot 50 \right] \cdot [-25 + 15 \cdot 1]$

$= [25 - 5 + 2] \cdot [-25 + 15]$

$= 22 \cdot (-10) = \underline{\underline{-220}}$

186.

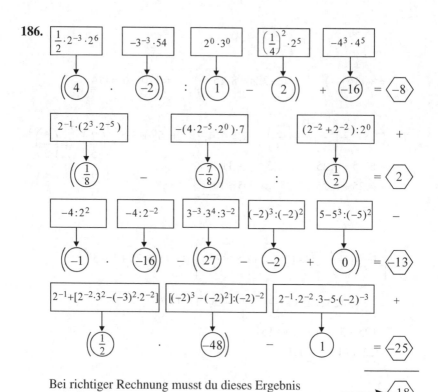

Bei richtiger Rechnung musst du dieses Ergebnis
erhalten!

187. a) $a^3 \cdot b^4 \cdot c \cdot b^{\textcircled{9}} \cdot c \cdot a^{\textcircled{0}} \cdot b^3 \cdot c^2 = a^3 \cdot b^{16} \cdot c^{\boxed{4}}$

b) $12 \cdot x \cdot y^3 \cdot z^4 \cdot 3 \cdot x^2 \cdot y^{\boxed{3}} \cdot z^5 \cdot 2 \cdot x^3 \cdot y = \textcircled{72} \cdot x^{\triangle 6} \cdot y^7 \cdot z^{\textcircled{9}}$

c) $(24 \cdot x^7 \cdot y^9 \cdot z^4) : (6 \cdot x \cdot y^{\textcircled{7}} \cdot z^3) = \boxed{4} \cdot x^{\textcircled{6}} \cdot y^2 \cdot z^{\triangle 1}$

d) $3 \cdot a^3 \cdot b^{\textcircled{-5}} \cdot \boxed{-4} \cdot a^4 \cdot b^3 \cdot 2 \cdot a \cdot b^{\textcircled{-5}} = -24 \cdot a^{\textcircled{8}} \cdot b^{-7}$

e) $(16 \cdot a^5 \cdot b^3 \cdot c^2) : (\textcircled{8} \cdot a^{11} \cdot b^{\boxed{6}} \cdot c^{-1}) = 2 \cdot a^{\triangle -6} \cdot b^{-3} \cdot c^{\textcircled{3}}$

f) $3 \cdot a^{\boxed{-2}} \cdot a^{\boxed{-2}} \cdot b^{\textcircled{-1}} \cdot \textcircled{6} \cdot b \cdot a \cdot c = 18 \cdot a^{-3} \cdot b^0 \cdot c$

g) $\boxed{2} \cdot \boxed{2} \cdot a^3 \cdot b\,\triangle \cdot c\,\triangledown^{-3} \cdot 5 \cdot a\,⬡^{-6} \cdot b^4 \cdot c^{-2} = 20a^{-3} \cdot b^5 \cdot c^{-5}$

h) $(a^2 \cdot b)^3 \cdot 3 \cdot (b \cdot c^0)^2 \cdot 6 \cdot (a \cdot b^{-2} \cdot c)^3 = \boxed{18} \cdot a\,⬡^{9} \cdot b\,⬡^{-1} \cdot c\,\triangle^{3}$

i) $\dfrac{12 \cdot x^6 \cdot y\,⬡^{-3} \cdot z^0}{\boxed{8} \cdot x\,⬡^{-5} \cdot y^{-3} \cdot z\,\triangle^{-4}} = \dfrac{3}{2} \cdot x^{11} \cdot y^0 \cdot z^4$

k) $\dfrac{18 \cdot a^{-3} \cdot b^2 \cdot c^{-5}}{-9 \cdot a^6 \cdot b^{-3} \cdot c^{-8}} = \boxed{-2} \cdot a\,⬡^{-9} \cdot b\,⬡^{5} \cdot c\,\triangle^{3}$

188. a) $g \cap h = \{B\}$

b) $A \in g, A \notin h$

c) $C \in h$

d) $AC = k$

189. a) w   b) f, weil $B \notin \mathbb{H}_1$ c) w

d) f   e) w   f) w

g) w   h) w   i) w

k) f

190. a–f)   Die Punkte müssen wie folgt angeordnet sein mit den angegebenen Streckenlängen. Die Skizze ist nicht maßstabsgetreu!

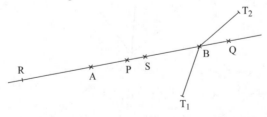

g) $\overline{AS} = 3\,cm, \overline{BQ} = 1{,}5\,cm, \overline{RB} = 10\,cm, \overline{PB} = 4\,cm, \overline{PQ} = 5{,}5\,cm$

191. a) $\boxed{\in}$ b) $\boxed{=}$ c) $\boxed{\subset}$

d) $\boxed{\not\subset}$ e) $\boxed{>}$ f) $\boxed{=}$

g) $\boxed{\notin}$ h) $\boxed{\not\subset}$ i) $\boxed{\subset}$

k) $\boxed{\in}$

192.

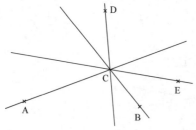

193.

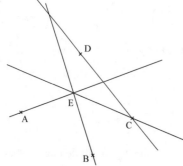

194.

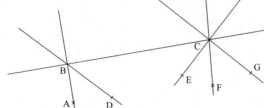

195. $\overline{AE} = 3,5\,\text{cm}$

$\overline{BE} = 2,5\,\text{cm}$

$\overline{EC} = 1\,\text{cm}$

$\overline{DE} = 3\,\text{cm}$

Skizze nicht maßstabgtreu!

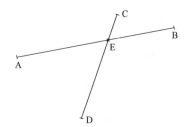

196. Geraden:　　　AD, AB, AC, BC

Halbgeraden:　[DE, [EB, [EA

Strecken:　　　[DF], [EC]

197. In der Zeichnung gilt:

$\overline{AC}_1 = 2\,\text{cm}$

$\overline{AC}_2 = 2\,\text{cm}$

$\overline{C_1 B} = 5\,\text{cm}$

$\overline{AD} = 2,5\,\text{cm}$

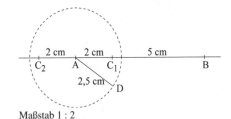

Maßstab 1 : 2

Es sind genau 2 Punkte C_1 und C_2 möglich. Es gibt unendlich viele Punkte D; sie liegen auf einem Kreis mit dem Mittelpunkt A und dem Radius $r = \overline{AD} = 2,5\,\text{cm}$. Die Schnittpunkte des Kreises mit der Geraden AB müssen wegen $D \notin AB$ ausgeschlossen werden.

198. a)　$g_1 \parallel g_2$

$g_3 \cap g_1 = \{A\}$

$g_3 \cap g_2 = \{B\}$

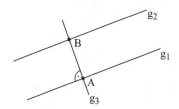

b) $g \perp h$
$g \cap h = \{C\}$
$k = AB$ mit $A \in h \land B \in g$

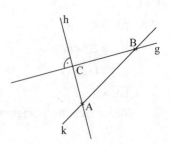

199. a) 1) f
2) f
3) f
4) w
5) w
6) w

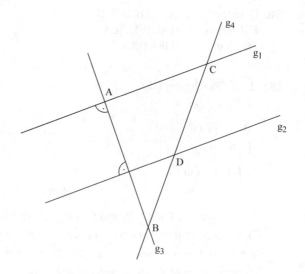

200. a) 1) $\boxed{\parallel}$ 2) $\boxed{\perp}$

3) $\boxed{=}$ 4) $\boxed{\neq}$

5) $\boxed{\notin}$ 6) $\boxed{\nparallel}$ oder $\boxed{\neq}$

7) $\boxed{\subset}$ 8) $\boxed{\subset}$

b) 1) w   2) f
3) w   4) w
5) f   6) w

201. $\overline{AC} = 5$ cm

$\overline{DC} = 6,5$ cm

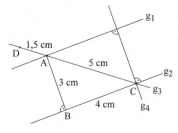

Maßstab 1: 2

202. Es gibt insgesamt 9 Schnittpunkte.

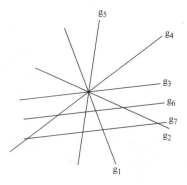

203.

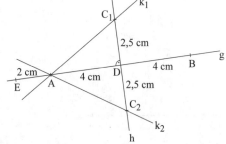

Maßstab 1: 2

Es gibt 2 mögliche Punkte C und auch 2 mögliche Geraden k.

d(E; h) = 6 cm.

204.

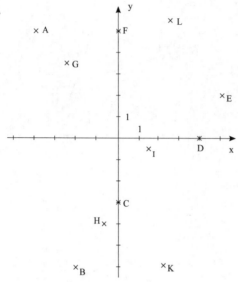

205. A(3|4), B(0|3), C(−2|5), D(−5|0), E(−3 |−2),
F(0|−4), G(2|−3), H(4 |0)

206. a)

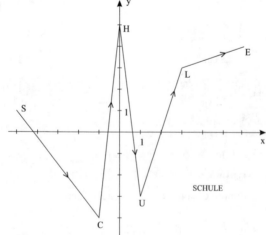

b)

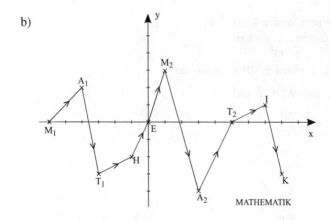

MATHEMATIK

207.

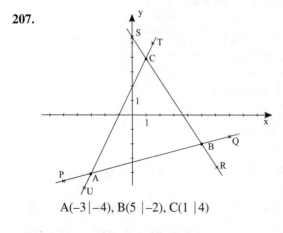

A(−3|−4), B(5 |−2), C(1 |4)

208.

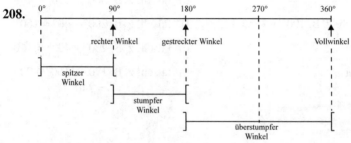

209. a) Kleinster stumpfer Winkel: 91°
kleinster spitzer Winkel: 1°
$\Rightarrow 91° - 1° = 90°$
Man darf höchsten 90° subtrahieren.

b) Gestreckter Winkel: 180°

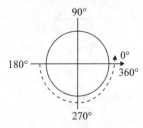

Man muss mindestens 181° addieren.

210. a) Kleinster stumpfer Winkel: 91°
kleinster überstumpfer Winkel: 181°
$\Rightarrow 181° - 91° = 90°$

Man muß mindestens 90° addieren.

b) Größter stumpfer Winkel: 179°
kleinster überstumpfer Winkel: 181°
$\Rightarrow 181° - 179° = 2°$

Der kleinste Winkel hat das Maß 2°.

211. a) falsch! z. B. $181° + 90° = 271°$ b) falsch! z. B. $350° - 90° = 260°$

c) wahr!   d) falsch! z. B. $360° - 350° = 10°$

e) falsch! z. B. $100° + 15° = 115°$ f) falsch! z. B. $200° - 40° = 160°$

g) wahr!   h) falsch! z. B. $200° - 402° = 160°$

i) wahr!   k) falsch! z. B. $170° + 160° - 90°$
$= 240°$

212. a) $91° + 91° = 182°$ b) $360° - 1° = 359°$

c) $179° + 181° = 360°$ d) $89° + 1° = 90°$

e) $90° + 1° = 91°$ f) $359° - 181° = 178°$

g) $89° + 180° - 91° = 178°$

h) $181° - 180° + 179° - 180° = 0°$

213. a) $5 \cdot 30° - \beta = 90°$
$$150° - \beta = 90°$$
$$\underline{\underline{\beta = 60°}}$$

b) Kleinster überstumpfer Winkel ist $181°$
$$4 \cdot 30° + \beta = 181°$$
$$120° + \beta = 181°$$
$$\underline{\underline{\beta = 61°}}$$

c) $\beta + 5 \cdot 30° > 180°$
$$\beta + 150° > 180°$$
$$\beta > 30°$$
$\Rightarrow \beta$ muss mindestens $31°$ sein!

d) $6 \cdot 30° + 4 \cdot 30° - \frac{1}{2} 30° + \beta = 360°$
$$285° + \beta = 360°$$
$$\underline{\underline{\beta = 75°}}$$

214. a) $5 \cdot 18° - \beta = 90°$
$$\underline{\underline{\beta = 0°}}$$

b) $4 \cdot 18° + \beta = 181°$
$$\underline{\underline{\beta = 109°}}$$

c) $\beta + 5 \cdot 18° > 180°$
$$\beta > 90°$$
$\Rightarrow \beta$ muss mindestens $91°$ sein

d) $6 \cdot 18° + 4 \cdot 18° - \frac{1}{2} \cdot 18° + \beta = 360°$
$$171° + \beta = 360°$$
$$\underline{\underline{\beta = 189°}}$$

215. a) α: falsch! $\alpha = \sphericalangle DHC$
β: wahr
γ: falsch! $\gamma = \sphericalangle DHF$
δ: falsch! $\delta = \sphericalangle FHD$

b)

Winkel	Winkelart
∢ FHD	stumpf
∢ DHA	überstumpf
∢ ([HC; [HG)	stumpf
∢ DHG	gestreckt
∢ CHA	überstumpf
∢ GHA	recht
∢ (f; g)	stumpf
∢ ([HC; [HD)	überstumpf
∢ EBH	falsche Winkelbezeichnung!
∢ ([HB; [HG)	spitz

216. a) ∢ CBA = 28° (Scheitelwinkel).
28° + 90° = 118°
(Außenwinkel bei A)
⇒ α = 118° (Stufenwinkel)

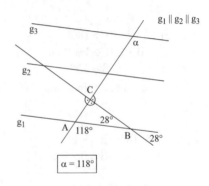

$$\boxed{\alpha = 118°}$$

b) Winkelsumme im ΔABC:
180° − 42° − 35° = 103°
⇒ β = 103° (Scheitelwinkel)

∢ DEC = 112° (Scheitelwinkel)
∢ ECD = 35° (Wechselwinkel)

α = 112° + 35° = 147°
(Außenwinkel am Δ)

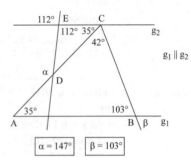

$$\boxed{\alpha = 147°} \quad \boxed{\beta = 103°}$$

c)

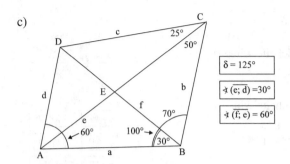

$\delta = 360° - 60° - 100° - (25° + 50°)$
$\delta = 125°$ (Winkelsumme im Viereck)
Im $\triangle$ACD gilt: $\sphericalangle (e; d) = 180° - 25° - 125° = 30°$ (Winkelsumme im $\triangle$)
$\sphericalangle$ CBE $= 100° - 30° = 70°$
Im $\triangle$BCE gilt: $\sphericalangle (f; e) = 180° - 70° - 50° = 60°$ (Winkelsumme im $\triangle$)

217. a) $\sphericalangle$ ACB $= 29°$ (Scheitelwinkel).

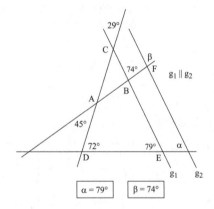

Im $\triangle$DEC gilt:
$\sphericalangle$ CED $= 180° - 72° - 29° = 79°$
$\Rightarrow \alpha = 79°$ (Stufenwinkel)

$\sphericalangle$ FBC $= 29° + 45° = 74°$
(Außenwinkel)
$\Rightarrow \beta = 74°$ (Stufenwinkel)

b) $\gamma = 180° - 146°$
   $\gamma = 34°$
   $\Rightarrow \rho = 34°$ (Scheitelwinkel)
   $\varepsilon = 180° - 133°$
   $\varepsilon = 47°$
   $\Rightarrow \beta = 47°$ (Scheitelwinkel)
   $\delta = 180° - \rho - \varepsilon$
   $\delta = 180° - 34° - 47°$
   $\delta = 99°$
   $\Rightarrow \alpha = 99°$ (Scheitelwinkel)

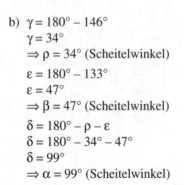

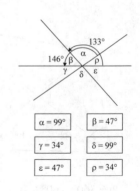

$\alpha = 99°$	$\beta = 47°$
$\gamma = 34°$	$\delta = 99°$
$\varepsilon = 47°$	$\rho = 34°$

c) $\sphericalangle DCB = 180° - 79° = 101°$ (Nebenwinkel)
   $\sphericalangle CBA = 360° - 101° - 120° - 75°$
   $\sphericalangle CBA = 64°$ (Winkelsumme im Viereck)
   $\Rightarrow \sphericalangle FBE = 64°$ (Scheitelwinkel)
   $\sphericalangle EFB = 25°$ (Scheitelwinkel)
   $\Rightarrow \alpha = 180° - 25° - 64°$ (Winkelsumme im Δ):
   $\alpha = 91°$

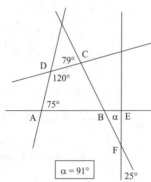

$\alpha = 91°$

d) $\sphericalangle BAD = 180° - 92° = 88°$ (Nebenwinkel)
   $\sphericalangle CBA = 180° - 149° = 31°$ (Nebenwinkel)
   $\Rightarrow \alpha = 360° - 88° - 31° - (40° + 100°)$ (Winkelsumme im Viereck)
   $\alpha = 101°$

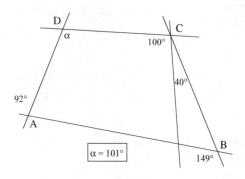

218. Berechnung von α:
   $\sphericalangle HFG = 73°$ (Scheitelwinkel)
   $\sphericalangle GHF = 50°$ (Nebenwinkel)
   $\Rightarrow$ Winkelsumme im $\triangle GHF$:
   $180° - 73° - 50° = 57°$
   Berechnung von β:
   $180° - 90° - 57° = 33°$
   Berechnung von γ:
   $\sphericalangle BAG = 57°$ (Stufenwinkel)
   $180° - 57° = 123°$
   Berechnung von ε:
   Winkelsumme im $\triangle DEF$:
   $180° - 73° - 90° = 17°$
   Berechnung von δ:
   Winkelsumme im $\triangle CEG$:
   $180° - 17° - 90° = 73°$

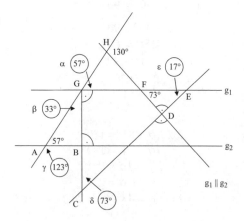

219. $\delta_1 = 36°$ (Nebenwinkel)
$\alpha_1 = 36°$ (Stufenwinkel)
$\alpha = 180° - 36° - 64°$
$\alpha = 80°$
$\beta = \alpha$ (Wechselwinkel)
$\gamma_1 = 55°$ (Wechselwinkel)
$\gamma = 180° - 55° - 48°$
$\gamma = 77°$
$\delta_1 = 180° - 80° - 64°$
$\delta_1 = 36°$
$\delta_2 = 180° - 55° - 77°$
$\delta_2 = 48°$
$\delta = \delta_1 + \delta_2$
$\delta = 36° + 48°$
$\delta = 84°$
$\alpha = 80°; \beta = 80°; \gamma = 77°; \delta = 84°$

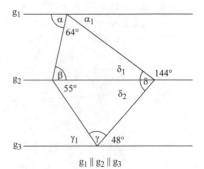

$\alpha + \dfrac{1}{2}\alpha + 30° = 90°$
$1,5\alpha + 30° = 90°$
$1,5\alpha = 60°$
$\alpha = 40°$
$\alpha = 40°; \beta = 20°$

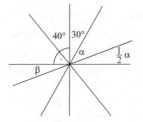

$\alpha + 2\alpha + \alpha + 84° = 180°$
$4\alpha + 84° = 180°$
$4\alpha = 96°$
$\alpha = 24°$
$\alpha = 24°; \beta_1 = 48°; \beta_2 = 24°; \beta_3 = 108°$

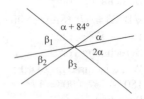

220.

α	10°	20°	30°	40°	50°	60°	70°	80°	90°
β	90°	80°	70°	60°	50°	40°	30°	20°	10°
γ	80°	80°	80°	80°	80°	80°	80°	80°	80°

221. a)
$$\alpha = \beta + 40°$$
$$\alpha + \beta = 180°$$
$$\beta + 40° + \beta = 180° \qquad | - 40°$$
$$2 \cdot \beta + 40° = 180° \qquad | : 2$$
$$2 \cdot \beta = 140°$$
$$\underline{\beta = 70°}$$
$$\underline{\underline{\alpha = 110°}}$$

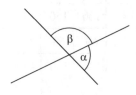

Skizze nicht maßstabgetreu

b)
$$\alpha = \beta - 20°$$
$$\alpha + \beta = 180°$$
$$\beta - 20° + \beta = 180°$$
$$2 \cdot \beta - 20° = 180° \qquad | + 20°$$
$$2 \cdot \beta = 200° \qquad | : 2$$
$$\underline{\beta = 100°}$$
$$\underline{\underline{\alpha = 80°}}$$

c)
$$\alpha = 2 \cdot \beta$$
$$\alpha + \beta = 180°$$
$$2 \cdot \beta + \beta = 180°$$
$$3 \cdot \beta = 180° \qquad | : 3$$
$$\underline{\beta = 60°}$$
$$\underline{\underline{\alpha = 120°}}$$

d)
$$\alpha = 2 \cdot \beta - 30°$$
$$\alpha + \beta = 180°$$
$$2 \cdot \beta - 30° + \beta = 180°$$
$$3 \cdot \beta - 30° = 180° \qquad | + 320°$$
$$3 \cdot \beta = 210° \qquad | : 3$$
$$\underline{\beta = 70°}$$
$$\underline{\underline{\alpha = 110°}}$$

222. $\alpha = 0,5 \cdot \beta, \gamma = 60°$
$$\alpha + \beta + \gamma = 180°$$
$$0,5 \cdot \beta + \beta + 60° = 180°$$
$$1,5 \cdot \beta + 60° = 180° \qquad | - 60°$$
$$1,5 \cdot \beta = 120° \qquad | : 1,5$$
$$\underline{\beta = 80°}$$
$$\underline{\underline{\alpha = 40°}}$$

223. $\alpha = 2 \cdot \beta, \gamma = \beta - 20°$
$$\alpha + \beta + \gamma = 180°$$
$$2\beta + \beta + \beta - 20° = 180°$$
$$4 \cdot \beta - 20° = 180° \qquad | + 20°$$
$$4 \cdot \beta = 200° \qquad | : 4$$
$$\underline{\beta = 50°}$$
$$\underline{\underline{\alpha = 100°}}$$
$$\underline{\underline{\gamma = 30°}}$$

224.

β	10°	20°	30°	40°	50°	60°	70°	80°	90°	100°	110°
γ	160°	150°	140°	130°	120°	110°	100°	90°	80°	70°	60°
α	60°	60°	60°	60°	60°	60°	60°	60°	60°	60°	60°
δ	130°	130°	130°	130°	130°	130°	130°	130°	130°	130°	130°

225. $\alpha = 100°$, $\beta = \gamma + 20°$, $\delta = \gamma - 30°$

$\alpha + \beta + \gamma + \delta = 360°$

$100° + \gamma + 20° + \gamma + \gamma - 30° = 360°$

$$3 \cdot \gamma + 90° = 360° \qquad |-90°$$
$$3 \cdot \gamma = 270° \qquad |:3$$
$$\underline{\underline{\gamma = 90°}}$$
$$\underline{\underline{\beta = 110°}}$$
$$\underline{\underline{\delta = 60°}}$$

226.

A $\notin$ [BS	[AB] $\subseteq$ K	CE $\subseteq$ EB
[ED $\not\subseteq$ k_i	[DS $\subseteq$ [CD	[BC] $\not\subseteq$ [EB
B $\in$ k $\cap$ AS	[DS $\not\subseteq$ [SC	

227.

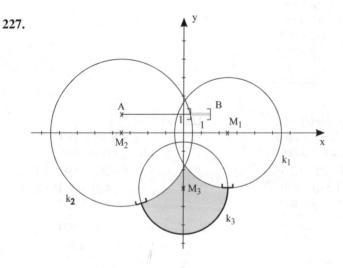

228.

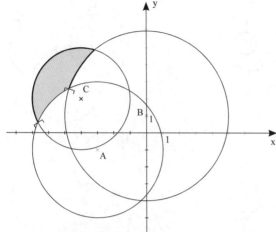

229. a)

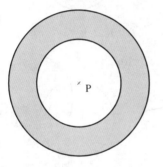

b)

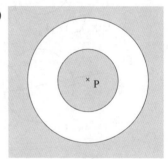

230. a)

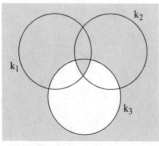

$(k_{i_1} \cap k_{i_2}) \cup k_{a_3}$

b)

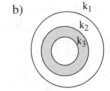

$(k_{i_1} \cap k_{a_3}) \cap k_{i_2}$

c)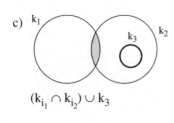

$$(k_{i_1} \cap k_{i_2}) \cup k_3$$

d)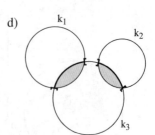

$$K_3 \cap (k_{i_1} \cap k_{i_2})$$

e)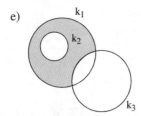

$$(k_{i_1} \cap k_{a_2}) \cap k_{a_3}$$

f)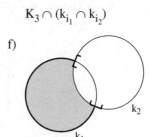

$$K_1 \cap k_{a_2}$$

g)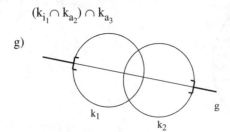

$$k_{a_1} \cap k_{a_2} \cap g$$

h)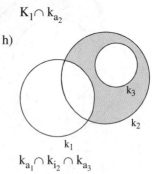

$$k_{a_1} \cap k_{i_2} \cap k_{a_3}$$

i)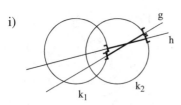

$$(k_{a_1} \cap k_{i_2}) \cap (g \cup h)$$

k)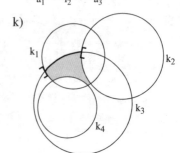

$$k_{a_4} \cap k_{a_2} \cap k_{i_1} \cap K_3$$

Ihre Meinung ist uns wichtig!

Ihre Anregungen sind uns immer willkommen.
Bitte informieren Sie uns mit diesem Schein über Ihre
Verbesserungsvorschläge!

Titel-Nr.	Seite	Fehler, Vorschlag

STARK
Damit lernen einfacher wird ... !

9-V29

Bitte ausfüllen und im frankierten Umschlag
an uns einsenden. Für Fensterkuverts geeignet.

Zutreffendes bitte ankreuzen!

Die Absenderin/der Absender ist:

- [ ] Lehrer/in
  Fächer:
- [ ] Fachbetreuer/in
  Fächer:
- [ ] Seminarlehrer/in
  Fächer:
- [ ] Regierungsfachberater/in
  Fächer:
- [ ] Oberstufenbetreuer/in
- [ ] Schulleiter/in

- [ ] Leiter/in Lehrerbibliothek
- [ ] Leiter/in Schülerbibliothek
- [ ] Referendar/in, Termin 2. Staatsexamen:
- [ ] Sekretariat
- [ ] Schüler/in, Klasse:
- [ ] Eltern
- [ ] Sonstiges:

Unterrichtsfächer: (Bei Lehrkräften!)

STARK Verlag
Postfach 1852
85318 Freising

Kennen Sie Ihre Kundennummer?
Bitte hier eintragen.

Absender (Bitte in Druckbuchstaben!)

Name/Vorname

Straße/Nr.

PLZ/Ort

Telefon privat

Geburtsjahr

Schule/Schulstempel (Bitte immer angeben!)

Bitte hier abtrennen

Training für Schüler

Faktenwissen und praxisgerechte Übungen mit vollständigen Lösungen.

Mathematik

Mathematik Training Funktionen I, II/III – 8. bis 10. Kl.
■ Best.-Nr. 91408 .... DM 16,90

Mathematik Training I und II/III – 8. Klasse
■ Best.-Nr. 91406 .... DM 16,90

Übungsaufgaben Mathematik I – 9. Klasse
■ Best.-Nr. 91405 .... DM 14,90

Übungsaufgaben Mathematik II/III – 9. Klasse
■ Best.-Nr. 91415 .... DM 12,90

Mathematik Training Probezeit 7. Klasse
■ Best.-Nr. 91407 .... DM 16,90

Mathematik Training Übertritt 6. Klasse
■ Best.-Nr. 93406 .... DM 16,90

Formelsammlung Mathematik – 7. bis 10. Klasse
■ Best.-Nr. 81400 .... DM 9,90

Englisch

Realschule Training Englisch Hörverstehen 10. Klasse NEU
Texte, von native speakers gesprochen, mit Aufgaben und Lösungen. **CD mit Begleitbuch.**
■ Best.-Nr. 91457 .... DM 24,90

Englisch – Wortschatz Realschule
■ Best.-Nr. 91455 .... DM 17,90

Englisch 10. Klasse
■ Best.-Nr. 90510 .... DM 18,90

Comprehension 3 / 10. Klasse
■ Best.-Nr. 91454 .... DM 16,90

Translation Practice 2 / ab 10. Klasse
■ Best.-Nr. 80452 .... DM 15,90

Englisch Training – Leseverstehen 10. Klasse NEU
■ Best.-Nr. 90521 .... DM 18,90

Englische Rechtschreibung – 9./10. Klasse
■ Best.-Nr. 80453 .... DM 15,90

Englisch 9. Klasse
■ Best.-Nr. 90509 .... DM 18,90

Comprehension 2 / 9. Klasse
■ Best.-Nr. 91452 .... DM 14,90

Translation Practice 1 / ab 9. Klasse
■ Best.-Nr. 80451 .... DM 15,90

Englisch – Hörvorstohon 9. Klasse NEU
Texte, von native speakers gesprochen, mit Aufgaben und Lösungen. **CD mit Begleitbuch.**
■ Best.-Nr. 90515 .... DM 24,90

Englisch 8. Klasse
■ Best.-Nr. 90508 .... DM 18,90

Comprehension 1 / 8. Klasse
■ Best.-Nr. 91453 .... DM 14,90

Englisch 7. Klasse NEU
■ Best.-Nr. 90507 .... DM 18,90

Englisch 6. Klasse
■ Best.-Nr. 90506 .... DM 18,90

Englisch – Hörverstehen 6. Klasse
Texte, von native speakers gesprochen, mit Aufgaben und Lösungen. **CD mit Begleitbuch.**
■ Best.-Nr. 90511 .... DM 24,90

Englisch 5. Klasse
■ Best.-Nr. 90505 .... DM 18,90

Englisch – Hörverstehen 5. Klasse
Texte, von native speakers gesprochen, mit Aufgaben und Lösungen. **CD mit Begleitbuch.**
■ Best.-Nr. 90512 .... DM 24,90

Englisch – Rechtschreibung und Diktat 5. Klasse NEU
Texte und Übungen, von native speakers gesprochen, mit Lösungen. **CD mit Begleitbuch.**
■ Best.-Nr. 90531 .... DM 24,90

Deutsch

Realschule Training Deutsch Erörterung – Textgebundener Aufsatz 9./10. Klasse
■ Best.-Nr. 80401 .... DM 18,90

Realschule Training Deutsch – Aufsatz 7./8. Klasse
■ Best.-Nr. 91442 .... DM 17,90

Deutsche Rechtschreibung 5.–10. Klasse
■ Best.-Nr. 93442 .... DM 16,90

Lexikon zur Kinder- und Jugendliteratur Autorenportraits und literarische Begriffe
■ Best.-Nr. 93443 .... DM 14,90

Französisch/Rechnungswesen

Französisch – Sprechsituationen und Dolmetschen
Übungsaufgaben für die mündliche Prüfung an Realschulen. Mit Lösungen. **2 CDs mit Begleitbuch.**
■ Best.-Nr. 91461 .... DM 24,90

Realschule Training Rechnungswesen 9. Klasse
■ Best.-Nr. 91470 .... DM 16,90

Realschule Training Rechnungswesen Lösungen 9. Kl.
■ Best.-Nr. 91470L .... DM 6,90

(Bitte blättern Sie um)